EVA-MARIA BAST | HANNES HELFERICH | KATJA GLATZER

Schweinfurter
Geheimnisse

SPANNENDES RUND UM DIE RÜCKERT-STADT MIT KENNERN DER HEIMATGESCHICHTE

Bast, Eva-Maria; Helferich, Hannes; Glatzer, Katja;
Schweinfurter Geheimnisse – Spannendes rund um die Rückert-Stadt - mit Kennern der Stadtgeschichte

MAINPOST in Kooperation mit:
Bast Medien GmbH, St. Ulrich-Str. 11, 88662 Überlingen
(verantwortlich)
2. Auflage 2021
ISBN: 978-3-946581-81-9

Lektorat: Lena Bast
Bildredaktion: Melanie Kunze
Covergestaltung: Jarina Binnig, Cornelia Müller, Melanie Kunze
Layout: Homebase – Kommunikation & Design, Jarina Binnig
Satz: Melanie Kunze
Druck: Mohn Media Mohndruck GmbH, Gütersloh

Ein Titel der preisgekrönten Reihe *Geheimnisse der Heimat*

Inhalt

Vorwort

Ich bin in Bamberg aufgewachsen, zur Schule gegangen, habe dort studiert. Ich gebe ehrlich zu, als Bewohner einer Domstadt und Weltkulturerbe hat man früher nicht unbedingt darauf geachtet, was in der einstmals grauen, vom Bombardement im Zweiten Weltkrieg gezeichneten Industriestadt Schweinfurt so vor sich geht.

Das hat sich in den vergangenen 13 Jahren natürlich geändert, seit ich täglich in die Stadt pendele und hier arbeite, hier über die Menschen berichte. Schweinfurt hat sich in den vergangenen Jahrzehnten gewandelt, hat heute eine ganz neue Lebensqualität, ohne seine eigene Geschichte verleugnet zu haben. Es ist eine Stadt geworden, die den selbst gewählten Slogan „Industrie und Kultur" wie selbstverständlich lebt.

Gerade weil die Zerstörung der Innenstadt im Zweiten Weltkrieg so viel an historischer Substanz vernichtet hat, schärfte sich in den vergangenen Jahren der Blick für all das, was es noch gibt, auch wenn es nur Details sind. Doch genau diese Details sind es, die es in sich haben, die sehr häufig spannende Geschichten beinhalten, die unbedingt erzählt werden müssen. Und diese Details schaffen auch ein Heimatgefühl. Denn das lernt man ebenso als Außenstehender mit der Zeit, wenn man mit Schweinfurtern spricht, die hier aufgewachsen und verwurzelt sind: Es gibt ein deutlich ausgeprägtes Schweinfurter Selbstbewusstsein, einen sehr großen Stolz, Bewohner dieser Stadt zu sein. Zu Recht, übrigens.

Dass es sich also lohnt, auf scheinbar Nebensächliches zu achten, zeigen die Schweinfurter Geheimnisse, die nun in erster Auflage vorliegen. Die Autoren Eva-Maria Bast, der Ur-Schweinfurter Hannes Helferich und Katja Glatzer erzählen 50 Geschichten, in denen es genau darum geht: Schweinfurter Geheimnisse der Öffentlichkeit sichtbar machen. Ob das nun die verdrehten Holzsäulen im Alten Rathaus sind, die Kanonenkugeln in der Zeughaus-Fassade, der Meteorit, der nie vom Himmel fiel oder das schauderhafte Strafrecht am idyllisch gelegenen Jungfernkuss: Die Leserinnen und Leser tauchen ein in Begebenheiten, von denen sie vielleicht noch nie gehört haben, lernen die Geschichte der Stadt kennen und was sie bis heute geprägt hat.

Die 50 Kapitel in diesem Buch lassen vor dem geistigen Auge den einstigen Alltag in der Freien Reichsstadt Schweinfurt erwachen. Stadthistorie wird in diesem Buch nicht einfach nur abstrakt erzählt, sondern mit Hilfe von Bürgerinnen und Bürgern der Stadt, die eine Brücke schlagen aus der Vergangenheit in die Gegenwart ihrer Heimat. Voller Geheimnisse, die man gelesen haben muss!

Oliver Schikora
Redaktionsleiter
Schweinfurter Tagblatt

Die Autoren

Eva-Maria Bast, Jahrgang 1978, arbeitet seit 1996 als Journalistin. 2011 gründete sie die Bast Medien GmbH. Sie initiierte die Buchreihe *Geheimnisse der Heimat*, die rasch zu einem Bestseller wurde und in knapp 80 Bänden vorliegt. 2012 erhielt sie für die Geheimnisse den Deutschen Lokaljournalistenpreis der Konrad-Adenauer-Stiftung. Sie schreibt historische Romane stand mehrfach auf der Spiegel-Bestsellerliste, und ist Dozentin an der Hochschule der Medien Stuttgart. Sie, hat fünf Kinder und lebt am Bodensee.

Katja Glatzer, Jahrgang 1974, arbeitet seit dem Jahr 2000 im Journalismus, erst für verschiedene Zeitungen und Magazine, seit einigen Jahren als feste Redakteurin für die *Main-Post* in Würzburg. Sie studierte in Frankfurt am Main und in Malága (Spanien) Romanistik mit den Schwerpunkten Spanisch und Französisch auf Magister. Im Nebenfach wählte sie Jura. Katja Glatzer lebt mit ihrer Familie in Würzburg. In Schweinfurt arbeitete sie mehrere Jahre in der Redaktion der *Main-Post*.

Hannes Helferich, 1954 in Schweinfurt geboren, gehörte der Mediengruppe *Main-Post* von 1972 bis 2018 an. Die längste Phase seiner 46 Jahre beim Verlag arbeitete er als Redakteur in seiner Geburtsstadt. Er kümmert sich in seiner Freizeit als Mitglied der „Initiative gegen das Vergessen“ seit über 25 Jahren um die Aufarbeitung der lange verdrängten Zeit der Jahre 1933 bis 1945. Er ist Mitgründer der Stiftung „Schweinfurt hilft Schweinfurt“, die seit 1993 Schweinfurtern in Not finanziell unter die Arme greift.

01

Verdrehte Säulen

Das Rathaus als brennende Fackel

Als es geschah, weilte Schweinfurts Oberbürgermeister Sebastian Remelé noch nicht unter den Lebenden. Doch wie tragisch und traumatisch dieses Ereignis für die ganze Stadt war und wie tief der Schreck den Menschen in den Gliedern steckte, das weiß er aus zahlreichen Berichten von Augenzeugen: Der Rathausbrand des Jahres 1959 hat nicht nur das Gebäude, in dem Remelé inzwischen jeden Tag seinen Amtsgeschäften nachgeht, sehr geprägt, sondern die ganze Stadt. Daran muss der OB immer dann besonders denken, wenn er die Rathausdiele betritt. Die hat das Flammenmeer zwar überstanden, doch gibt es hier etwas, das noch sehr eindrücklich an das tragische Ereignis erinnert. Und das ist ausgerechnet aus Holz, also einem Material, das doch eigentlich besonders leicht Feuer fängt, sollte man meinen. Doch der Reihe nach.

Es ist der 20. April 1959, etwa 15:30 Uhr. Im Dachstuhl des Rathauses werden Schweißarbeiten durchgeführt. Dabei fängt ein Balken Feuer, was ein Geselle sofort bemerkt. Er kippt einen Eimer Wasser über die Brandstelle – und das Problem scheint behoben, der Mann und seine Kollegen gehen in den Feierabend. Was sie jedoch nicht bemerkt haben: In einer Ritze des Balkens ist noch ein wenig Glut vorhanden, die sich langsam immer weiter ausbreitet und das Gebälk schließlich wieder in Brand setzt. Inzwischen ist es etwa 20 Uhr. Im Saal des Neuen Rathauses tagt die SPD-Stadtratsfraktion mit Oberbürgermeister Georg Wichtermann (1909-1997). Eine Putzfrau bemerkt den Brand, stürzt in den Saal und ruft: „Es brennt im Alten Rathaus." Wichtermann und die Stadträte rennen hinaus – und stellen entsetzt fest, dass der zweite Stock in Flammen steht. Das haben inzwischen auch Schweinfurts Bürger bemerkt, die Rauchsäulen und dann Flammen und Funken aus dem Schieferdach in den Himmel aufsteigen sehen. Auf dem Marktplatz laufen die Menschen zusammen, aufgeregt, entsetzt und fassungslos. Da hat dieses 1570/72 von Architekt

Für Oberbürgermeister Sebastian Remelé bergen diese Säulen ein ganz besonders berührendes Geheimnis.

Nikolaus Hofmann (um 1510-1592) erbaute Renaissance-Rathaus, *das* Wahrzeichen der stolzen und ehemaligen Freien Reichsstadt Schweinfurt, im Zweiten Weltkrieg 15 Bombenangriffe überstanden, um nun den Flammen zum Opfer zu fallen? „Das Rathaus wurde zu einer brennenden Fackel, deren Schein man viele Kilometer weit in der ganzen Umgebung wahrnehmen konnte“, schreibt das Blatt *Der Volkswille* in einem Sonderdruck.

Innerhalb einer halben Stunde sind bereits 1.000 Schaulustige auf dem Marktplatz zusammengelaufen, die heimische Feuerwehr ist immer noch nicht informiert. Erst gegen 20:30 Uhr setzt ein Taxifahrer die Wache in Kenntnis. Notiert ist im Einsatzbericht der städtischen Wehr, dass diese um 20:45 Uhr das Rathaus erreicht. Möglicherweise waren zuvor die Feuerwehrmänner der von 1945 bis 2014 in Schweinfurt stationierten US-Streitkräfte eingetroffen, die allerdings keinen Hydranten gefunden und somit untätig herumgestanden haben sollen. Die eigentlichen Löscharbeiten beginnen gegen 21 Uhr. „Zu diesem Augenblick waren die Flammen schon durch die Balkendecke gedrungen und hatten den Dachstuhl erreicht. […] Bis zu 15 Meter hoch schlugen die Flammen, sprühte der Funkenregen“, beschreibt der Journalist des *Volkswillen*. Und inmitten dieses dramatischen Szenarios steht ein laut Zeitung „händeringender“ OB und sagt: „Es ist nicht zu fassen, wie das passieren konnte. Jetzt haben wir das Rathaus durch die Bombennächte gebracht, und jetzt dies!“

Am Übergang vom Sockel zur Säule lässt sich die Drehung besonders gut erkennen.

Um halb zehn dann endlich eine Erfolgsmeldung: Der Brand ist unter Kontrolle. „Die Feuerwehrmänner müssen in dieser Nacht Großartiges geleistet haben“, sagt Sebastian Remelé anerkennend. „Sie gingen in das Gebäude hinein, kamen aber nur bis zur Rathausdiele." Ebenjene, in der sich etwas befindet, das den heutigen OB immer wieder an diese Schicksalsstunde erinnert: prachtvoll geschnitzte Säulen aus Holz. „Schon unglaublich, dass sie den Brand überstanden haben", sagt Remelé. Das ist aber für ihn gar nicht das Faszinierendste. Besonders berührend findet der OB die fast unsichtbare Spur, die das Feuer an den Säulen hinterlassen hat: „Durch die Hitze haben sie sich auf ihren steinernen Sockeln leicht gedreht. Man sieht das besonders gut, wenn man die Ecke des steinernen Sockels mit der hölzernen Ecke der Säule vergleicht."

„Durch die Hitze haben sie sich auf ihren steinernen Sockeln leicht gedreht. Man sieht das besonders gut, wenn man die Ecke des steinernen Sockels mit der hölzernen Ecke der Säule vergleicht."

Immer wenn Remelé die gedrehten Säulen betrachtet, wird er ganz nachdenklich. Wegen der Macht der Elemente, verbunden mit der Erkenntnis, dass alles vergänglich ist, und aus Dankbarkeit über den enormen Einsatz, mit dem die Schweinfurter das Rathaus, in dem er heute regiert, wieder aufbauten. „Schon in der Sitzung, die dem Feuer folgte, entschied der Stadtrat, den Wiederaufbau sofort in Angriff zu nehmen. Bürger spendeten, Handwerker boten ihre Dienste umsonst an, das war echter Gemeinsinn", sagt er. Doch er hoffe, dass er Ähnliches wie damals sein Kollege Wichtermann niemals erleben muss.

Eva-Maria Bast

So geht's zu den verdrehten Säulen:

Sie befinden sich in der Diele des Alten Rathauses und sind nicht zu übersehen.

Relikt an der Petersstirn: Welche Legende verbirgt sich hinter dem steinernen Schuh?

02

Judiths Schuh

Cinderella zu Besuch in Schweinfurt

Zwar hat Schweinfurts erste Weinprinzessin Christina Schuhmann keinen Schuh auf einem Ball verlieren müssen, um ihren Traumprinzen zu finden. Dennoch spielt ein vermisster roter Schuh in ihrem Leben eine faszinierende Rolle. Denn auch Schweinfurt schreibt sein eigenes Cinderella-Märchen, an das noch heute ein steinernes Relikt mit einem Schuh an der Peterstirn erinnert.

Es geht um das Mädchen Judith, das um 1003 als Tochter des Schweinfurter Markgrafen Heinrich, genannt „Hezilo", und seiner Frau Geberga, einer Adelstochter aus dem Grabfeld, geboren wurde. Der Markgraf, so heißt es in Michael Peters *Geschichte Frankens*, ging vor allem durch die so genannte Schweinfurter Fehde mit dem deutschen Kaiser Heinrich II. (978-1024) in die Geschichte ein.

Seine Tochter Judith indes soll „wunderschön, anmutig und

tugendhaft gewesen sein", erzählt die gebürtige Schweinfurterin Christina Schuhmann. So habe auch der böhmische Geschichtsschreiber Cosmas, der die volkstümliche Geschichte aufgriff, Judith als „Tochter, welche von einer solchen Schönheit gewesen, daß ihresgleichen damals unter der Sonne nicht zu finden war", beschrieben.

Während Judith vor über 1000 Jahren im Kloster an der Peterstirn aufwuchs, das ihre streng-fromme Großmutter Eila gestiftet hatte, verbindet Christina Schuhmann mit diesem historischen Ort ihre Zeit als Schweinfurts erste Weinprinzessin im Jahr 2012. „Die Peterstirn ist mein absoluter Lieblingsplatz in der Stadt. Hier wächst auf mehreren Hektar Fläche das letzte Überbleibsel des Schweinfurter Weins, im Sommer werden die Weinfeste gefeiert und die Gesellschaft kommt zusammen." Von dem Ort gehe eine Magie aus. Besonders fasziniert ist sie – vielleicht auch von Prinzessin zu Prinzessin – von der Geschichte um Judiths Schuh. „Schon als kleines Mädchen haben mich Königsgeschichten brennend interessiert."

Einmal Cinderella sein: Die ehemalige Schweinfurter Weinprinzessin Christina Schuhmann liebt die Geschichte rund um Judiths Schuh.

Im Falle von Judith ist historisch dokumentiert, dass sie später Bretislav – den Sohn des böhmischen Herzogs Udalrich – heiratete, böhmische Herzogin wurde und mit ihm fünf Söhne bekam, erzählt Christina Schuhmann. Ob die dramatisch-romantische Geschichte drumherum so ganz der Wahrheit entspricht oder Fakten und Sage verschwimmen, lässt sich schwer sagen. „Ich denke, es ist eine Mischung aus beidem, aber da es Judith wirklich gegeben hat, erscheint die Geschichte sehr lebendig und schön", meint die junge Frau und Mutter.

So sei für die damals wohl erst 13-jährige Judith zwar ein Leben hinter Klostermauern vorgesehen gewesen, „aber das Schicksal wollte es anders". Denn Bretislav habe von ihrer Schönheit und Anmut gehört, sich unsterblich in sie verliebt und wollte sie zur Frau nehmen. „Und das, obwohl er sie noch nie gesehen hatte", unterstreicht Christina Schuhmann.

Da die Deutschen auf die Böhmen herabsahen, hätte Bretislav aber niemals auf legalem Weg um die Hand Judiths anhalten können. „So tüftelte er einen besonderen Plan aus: eine Brautentführung", erzählt die einstige Weinprinzessin die spannende Geschichte weiter. Er trommelte seine Diener und Knechte zusammen, denen er aber nichts von seinem Plan erzählte, und sie ritten gemeinsam nach Schweinfurt auf die Burg Peterstirn. „Als sie nach einer langen Reise dort ankamen, baten sie um ein Nachtlager." Im Vorhof des Klosters durften sie rasten. Der Legende nach schaute sich Bretislav auf dem Gelände um und überlegte, wie er Judith am besten entführen könnte.

Christina Schuhmann muss schmunzeln angesichts des großen Glücks, das Bretislav dann angeblich zuteil wurde: Denn zufällig sei es der Abend vor einem Feiertag gewesen, die Kirchenglocken läuteten zur Vesper. „Judith kam mit den anderen Klosterfrauen aus der Klosterzelle heraus und ging mit ihnen in Richtung Kirche. Bretislav sah sie, zerrte sie auf sein Pferd und ritt los." Es heißt, dass er mit seinem Schwert noch das starke Mühlseil durchschnitten habe, mit dem das Tor verbunden war, sodass dieses hinter ihnen zufiel. „Bis jemand folgen konnte, waren sie natürlich längst über alle Berge", ergänzt Christina Schuhmann lächelnd. Und so sei es gekommen, dass die Schweinfurter Prinzessin plötzlich die Herzogin von Böhmen wurde.

Mitleid hat Schweinfurts ehemalige Weinprinzessin indes mit den im Hof zurückgebliebenen Dienern. Denn wie es damals üblich war, winkte die Rache und ihnen wurden Nasen und Ohren abgeschnitten. „Dabei konnten sie nun wirklich nichts dafür", so Schuhmann.

Bei der Entführung, so ist es überliefert, ging Judith ein roter Schuh verloren. Dieser wurde im Hof gefunden und sollte per Bote mit der Nachricht zu Kaiser Heinrich II. gebracht werden, dass Judith entführt worden sei. Unterwegs ist jedoch dem Boten der Schuh auf unerklärliche Art und Weise abhanden gekommen. Dies wurde als göttliche Fügung gesehen „und die Verbindung zwischen Judith und dem böhmischen Grafen wohl anerkannt". Die Hochzeit Judiths und Bretislavs muss spätestens beim Regierungsantritt in Mähren im Jahre

1029 erfolgt sein. „Ob sie mit ihm allerdings so glücklich wurde, wie Cinderella in ihrem Märchen, ist nicht überliefert", sagt Christina Schuhmann nachdenklich.

Was den roten Schuh angeht, symbolisiert dieser den Wohlstand der Familie Judiths, so beschreibt es Museumspädagogin Friederike Kotouč in einem Artikel der *Main-Post*. Vermutlich sollte mit der „wildromantischen Geschichte" verschleiert werden, dass Judith einen Mann heiratete, der unter ihrem Stand schien.

Dass vieles Politik war, bekam Judith auch später zu spüren. Einer ihrer fünf Söhne, Spitihnev, soll sie nach dem Tod des Vaters 1055 aus Böhmen nach Ungarn vertrieben haben. Sie starb dort 1058. Ihr Sohn Vratislav indes, der 1085 zum ersten König von Böhmen gekrönt wurde, ließ die Gebeine seiner Mutter in den Veitsdom nach Prag überführen.

Wie dem auch sei: Die Geschichte um Judiths Schuh beflügelte den Schweinfurter Karl Sattler – Sohn des Industriellen Wilhelm Sattler (1784-1859) – Mitte des 19. Jahrhunderts wohl so sehr, dass er über der Brunnenstube an der Peterstirn einen Schuh in Stein meißeln ließ, der auch heute noch dort weilt. Im Höllental unterhalb der Peterstirn liegt außerdem im Gedenken an die schöne Judith die „Judithstraße".

Was allerdings die Parallele zu dem Märchen Cinderella angeht: Während der Prinz das Aschenputtel fand und der verlorene Schuh wieder zur rechtmäßigen Besitzerin zurückkam, bleibt Judiths Schuh für immer verschwunden. Auch so enden Märchen manchmal.

Katja Glatzer

So geht's zu Judith's Schuh:

Der Weg führt durch das Schweinfurter Höllental zur Peterstirn in die Weinberge hinauf. Nur einige Meter entfernt vom Holztor zur Peterstirn mit dem Adler darauf befindet sich die so genannte Brunnenstube, an der Judiths Schuh in Stein gemeißelt ist. Das Gelände an der Peterstirn ist Privatgelände, Judiths Schuh ist allerdings noch frei zugänglich.

03

Christusfigur

Glückliches Ende in Sankt Salvator

Pfarrer Karl Rohrbacher, gebürtiger Berliner, jedoch als Gymnasiast in Schweinfurt heimisch geworden, hatte sich zum 1. Januar 1944 auf die Pfarrstelle in Sankt Salvator beworben. „Denn er liebte diese Kirche aus seiner Schulzeit in Schweinfurt", erzählt Christa Weinzierl, profunde Kennerin der Geschichte des kleinen Gotteshauses im Stadtteil Zürch. Rohrbacher musste aber zunächst noch Seelsorgedienst für Soldaten und Verwundete im Raum Landshut leisten, weshalb er beim Luftangriff am 27. April 1944 nicht in Schweinfurt war. Doch Sankt Salvator wurde dabei vernichtend getroffen.

Als Rohrbacher davon erfuhr, setzte er sich auf sein Fahrrad, radelte die rund 300 Kilometer nach Schweinfurt und fand zu seiner Überraschung in den Trümmern von Sankt Salvator den angekohlten, einst silbernen Christus vom Altarkreuz. „Es war für ihn das Hoffnungszeichen, dass diese Kirche wieder aufgebaut werden und das Leben im Kirchlein weitergehen soll", schildert das Kirchenvorstandsmitglied Christa Weinzierl. Der Christus hängt nach einer langen Odyssee heute wieder in dem Kirchlein. Und das ist maßgeblich Christa Weinzierl zu verdanken.

Um die Geschichte verstehen zu können, gehen wir nochmal zurück ins Jahr 1944. Der Turm war eingestürzt, die Kirche bis auf die Umfassungsmauern ausgebrannt. „Pfarrer Rohrbacher erzählte mir später oft, wie erschütternd der Anblick der weitgehend zerstörten Kirche für ihn war, aber er konnte auch Hoffnungszeichen entdecken", erinnert sich Christa Weinzierl. Ein solches war das so genannte Schuttbähnle, das genau an der Salvatorkirche begann. „Die Menschen konnten so den Schutt aus der Kirche direkt in das Bähnle schaufeln, das erleichterte den Abtransport ungemein."

Im Schutt der Kirche fand Rohrbacher damals außerdem noch die sechs teilweise eingedellten Altarleuchter, aber auch diesen Fund

Die von Pfarrer Rohrbacher aus dem Schutt ausgegrabene Christusfigur hat in Sankt Salvator auf Vorschlag von Christa Weinzierl wieder einen besonderen Platz gefunden.

bewertete der Geistliche als Zeichen. Es wurde bald mit dem Wiederaufbau begonnen, alles nach den Plänen des Architekten Olaf Gulbransson. Rohrbacher kannte ihn schon als Schulbub aus dem Religionsunterricht noch zu seiner Zeit als Vikar in Dießen am Ammersee. Der Pfarrer habe ihr einmal erzählt, berichtet Christa Weinzierl, „dass der Olaf auffiel, weil er im Unterricht immer Skizzen zeichnete und malte". Rohrbacher sagte Gulbransson damals schon eine große Karriere voraus. Er sollte Recht behalten, wenn der Architekt auch tragisch aus dem Leben schied. Er starb bei einem von ihm nicht verschuldeten Autounfall am 18. Juli 1961 im Alter von gerade mal 45 Jahren.

Als „Zeitzeugnis" hängt die Christusfigur heute an der Kirchenwand hinter dem Taufstein.

Um noch vor der drohenden Währungsreform im Juni 1948 „ziemlich weit zu sein mit dem Wiederaufbau", drückte Pfarrer Rohrbacher aufs Tempo. Sigrid Rohrbacher, die Frau des Pfarrers, gestand einmal ein, dass sie, um Fenstergesimse für die Kirche zu bekommen, bei der zuständigen Firma mit einem Fässchen Wein nachgeholfen habe. Der Rohbau stand tatsächlich rechtzeitig. Um aber das Richtfest trotz der schweren Zeiten – es gab noch Lebensmittelkarten – gebührend feiern zu können, bettelte Pfarrer Rohrbacher mit Erfolg beim Innungs-Obermeister um Fleisch. Das Festessen sei köstlich gewesen – Gulasch mit Nudeln und Bier von der längst nicht mehr existierenden Brauerei Herzog für alle Arbeiter.

Die Christusfigur wurde zunächst an einem schlichten Holzkreuz befestigt und diente von 1951 bis 1958 als Altarkreuz. Als hinter dem Altar ein wertvolles Renaissance-Kruzifix aus der Zeit vor dem Dreißigjährigen Krieg aufgehängt wurde, musste es weichen. Das in der Geschichte der Salvatorkirche so wichtige Relikt geriet in Vergessenheit. Bis 2010. Wegen Feuchtigkeitsschäden war zu der Zeit eine Innenrenovierung als notwendig erachtet worden. Christa Weinzierl regte in diesem Zusammenhang an, den früheren Altarbogen, nachgewiesen auf alten Fotos, wiederherzustellen. Und sie rief den einst von Rohrbacher „ausgegrabenen" Christus in Erinnerung, den sie zufällig im Turm entdeckt hatte.

„Pfarrer Rohrbacher erzählte mir später oft, wie erschütternd der Anblick der weitgehend zerstörten Kirche für ihn war."

Die Kirchengremien befürworteten die Vorschläge. Der Altarbogen ist wiederhergestellt. Die Künstlerin Elke Kompe befestigte den Korpus an einem 800 Jahre alten Moorholz. Als „Zeitzeugnis" wurde er hinter dem Taufstein aufgehängt, bewusst nicht gereinigt oder poliert. „Er soll uns die Brandspuren des Krieges aufzeigen", sagt Christa Weinzierl. Nach Rohrbacher, der bis 1965 Pfarrer in Salvator war, ist im Gemeindehaus neben der Kirche ein Saal benannt.

Hannes Helferich

So geht's zur Christusfigur:

Die Kirche Sankt Salvator hat ihren Standort in der Frauengasse 1 im Stadtteil Zürch. Die Christusfigur ist links vom Altarbogen hinter dem Taufstein an der Wand aufgehängt.

Stark verwittert: Der Grabstein der Familie Alberti.

04

Grabstein

Die Sage von der auferstandenen Susanna

In Begleitung von Julia Stürmer-Hawlitschek wird ein Besuch im Alten Friedhof zu einer hochinteressanten Geschichtsstunde. Sie kennt alle dort beerdigten Persönlichkeiten, die Standorte ihrer letzten Ruhestätte, was deshalb von Bedeutung ist, weil viele Grabsteine so stark verwittert sind, dass man keine Namen oder sonstige Hinweise auf die dort Beerdigten mehr entdecken kann. Eines dieser bis zur Unkenntlichkeit verwitterten Denkmale – an der Südmauer – ist das Grab der Familie Alberti, des um die Reichsstadt hochverdienten Stadtschreibers und Rechtsrates Adam Alberti (1535-1583) und seiner Frau Susanna, eine geborene Vogt und aus Kitzingen stammend. Um sie rankt sich „eine Sage, die garantiert für Gänsehaut sorgt", sagt Julia Stürmer-Hawlitschek. Die Schweinfurter Gymnasiallehrerin für Geschichte hat sich schon immer für die Historie ihrer Heimatstadt interessiert und profitiert davon auch in ihrem Beruf.

Susanna war Albertis erste Frau. Sie starb – tatsächlich, muss man hier einschieben – am 8. Februar 1565. Kurz zuvor hatte sie ihr erstes Kind geboren, das aber bald nach der Geburt am 19. Januar 1565 gestorben war. Auf dem Grabstein wurde deshalb ein Wickelkind dargestellt, das zu Füßen der aufrecht stehenden Susanna am Boden liegt. Auf dem immerfort dem Wetter ausgesetzten Stein ist von dieser Darstellung allerdings nichts mehr zu erkennen. Auch die Inschriften sind verwittert.

An den Grabstein knüpft sich aber eine schaurige Sage. Susanna soll im Herbst 1564, wahrscheinlich in Folge der Pest, in einen Starrkrampf verfallen sein. Man hielt sie jedenfalls für tot. Weil es üblich war, Verstorbene aus vornehmen Häusern nachts zu bestatten, wurde auch die Gattin des Stadtschreibers in der Nacht bei Fackelschein in einer Gruft beigesetzt. Dabei bemerkte der Totengräber am Finger der tot geglaubten Frau einen wertvollen Ring. Als sich die Trauernden entfernt hatten, kehrte der Habgierige zurück, versuchte, den Ring vom Finger zu ziehen. Aber so sehr er sich auch mühte, es gelang ihm nicht.

Plötzlich soll sich Susanna jedoch im Sarg aufgerichtet haben. Jähes Entsetzen packte den Totengräber, der eilig von dem ihm unheimlichen Ort floh. Die wiedererwachte Susanna aber erhob sich, ergriff die Laterne des Totengräbers und schritt im langen, weißen Totenhemd vom Friedhof über den Marktplatz zur Hellersgasse. Im Eckhaus zum Markt war ihr Zuhause. Zitternd vor Frost zog sie an der Hausglocke. Die Magd schaute zum Fenster hinaus, glaubte, ein Gespenst zu sehen, weckte in ihrer Angst Adam Alberti, der sie zornig schalt, dümmer zu sein als seine Schimmel. Plötzlich wurde es unten laut: Die Pferde des Alberti, die dieser für seine Dienstreisen benötigte, hatten sich wohl wegen des nächtlichen Glockenlärms im Stall losgerissen und waren in den Hausgang gelaufen.

Nun erschrak auch Alberti, der beim Blick nach draußen seine weinend um Einlass flehende Frau erkannte. Voller Freude brachte der

Gatte seine „auferstandene Frau“ zu Bett. Susanna erholte sich wieder, soll aber nach diesem grauenvollen Erlebnis nie mehr gelacht haben. Früher sei den Schulkindern am Gründonnerstag am Denkmal der Frau Alberti die Sage von der auferstandenen Frau erzählt worden, berichtet Hubert Gutermann im Büchlein *Alt Schweinfurt* – ohne näher darauf einzugehen, welchem Zweck das dienen sollte.

Im Januar 1565 dann die geschilderte Geburt und Susanna Albertis tatsächlicher Tod am 8. Februar 1565. Sie wurde neben ihrem drei Wochen zuvor verschiedenen Kind im Alten Friedhof bestattet.

Julia Stürmer-Hawlitschek hält sich oft und gerne im Alten Friedhof auf, erst recht seit er umgestaltet wurde.

Der Friedhof war dereinst der Garten des 1363 bis 1365 an dieser Stelle gegründeten Karmelitenklosters. Es diente im Markgräfler-Krieg 1553/1554 als Geschützstellung, wurde schwer beschädigt, 1560 abgebaut und das Areal zum Leichenhof bestimmt. Um 1634/35, also während des Dreißigjährigen Kriegs (1618-1648), wurde er um einen Pestfriedhof erweitert.

Bis 1874 war das Areal dann der Friedhof der Stadt Schweinfurt. Dieser hatte seinen Standort davor noch an der Sankt Johanniskirche. Um die 40.000 Schweinfurter Bürger wurden im Alten Friedhof beerdigt, darunter eben auch eine ganze Reihe von Berühmtheiten. Julia Stürmer-Hawlitschek zählt auf: Johann Lorenz Bausch und Johann Michael Fehr, die ersten Präsidenten und Gründer der Deutschen Akademie der Naturforscher Leopoldina; die Eltern des Orientalisten Friedrich Rückert (1788-1866), Johann Adam (1763-1831) und Maria Barbara Rückert (1766-1835); auch Rückerts Schwester Maria Rückert (1810-1835) hat ihre letzte Ruhestätte im Alten Friedhof. Der Schweinfurter Rechtsanwalt und Historiker Dr. Friedrich Stein (1820-1905) ist hier beerdigt. Stark verwittert sind auch das Epitaph des Bürgermeisters Johann Hartlaub (1625-1684) und die Gedenktafel für den einstigen Gymnasialdirektor Johann Philipp Raßdörfer (1736-1802), allesamt Persönlichkeiten, an die die Stadt mit Straßennamen erinnert.

Im Alten Friedhof fanden bis in den Zweiten Weltkrieg hinein Beerdigungen statt. Danach wurde das Gelände zu einer Parkanlage umgestaltet, die aber irgendwie vergessen und vernachlässigt wurde. Erst 2009 entschloss sich die Stadt, die Anlage nach alten Plänen aus den Jahren 1806 und 1834 wiederherzustellen – in der Mitte ein Rondell, zu dem aus drei von ehemals vier Richtungen Wege führen. Alten Vorgaben entsprechend wurden Säulenhainbuchen gepflanzt. Die ebenfalls mit historischen Grabmälern bestückte Westmauer der Anlage endet heute in einem Wehrturm, dem so genannten „Jungfernkuss" (siehe Geheimnis 21). Das Ensemble ist Teil einer noch erhaltenen Turmanlage, die einst die Südwestecke der Schweinfurter Stadtmauer markierte. Im 16./17. Jahrhundert standen dort zwei Türme.

Zurück aber zum Alten Friedhof, dessen Umgestaltung Julia Stürmer-Hawlitschek „gut gelungen" nennt. Was fehlt: „Die vielen verwitterten Grab- und Denkmale müssen wiederhergestellt werden, und wo das nicht mehr möglich ist, sollten erläuternde Tafeln mit Biografien oder jener Susanna-Sage aufgestellt werden", sagt sie. Das war auch der Grund für eine 2016 in mühsamer Kleinarbeit gemeinsam mit Peter Hofmann erstellte Dokumentation *Alter Friedhof*. Um überhaupt noch etwas retten zu können, „darf keine Zeit mehr verloren gehen", sagt Julia Stürmer-Hawlitschek.

Hannes Helferich

So geht's zum Grabstein:

Vom Marktplatz bis zur Heilig Geist-Kirche, direkt gegenüber liegt der Alte Friedhof. Der Grabstein befindet sich an der Südmauer nahe den Bahngleisen.

LUDWIG
SILBERSTEIN
3. AUG. 1882 -
22. SEPT. 1937.
SELMA
SILBERSTEIN
1. MÄRZ 1893 -
20. SEPT. 1962.
IN BUENOS AIRES
ת נ צ ב ה

05

Gedenkstätte

Am Grab von Margarita Calvary

Ein Grab auf dem Jüdischen Friedhof, der Teil des Schweinfurter Hauptfriedhofes ist. Der Name *Ludwig Silberstein* steht darauf. Hier ist auch die Jüdin Margarita Calvary, geborene Silberstein, beerdigt. Neben ihrem Vater. Ihr Vorname steht nicht auf dem Gedenkstein. Dafür der Name ihrer Mutter *Selma*, die allerdings in Buenos Aires in Argentinien begraben liegt. Es ist eine Geschichte der Versöhnung. Der Versöhnung mit der Vergangenheit und mit der Stadt Schweinfurt.

„Ich durfte diese wunderbare Frau persönlich kennenlernen, und es hat mich sehr berührt", erzählt Monika Remelé, die Ehefrau des Oberbürgermeisters, bei einem Besuch an der Grabstätte Silbersteins. Da habe Margarita Calvary von der glücklichen Zeit in ihrer Schweinfurter Kindheit geschwärmt. „Bis zu jenem Tag im Jahre 1933, als ihre beste Freundin sich nicht mehr traute, sie anzusprechen, und alle Klassenkameraden sie mieden."

Am 30. April 1922 in Schweinfurt geboren, stammt Margarita Calvary, geborene Silberstein, aus einer angesehenen, kultivierten Familie. Ihr Vater war Schuhfabrikant, die Fabrik nahe dem Obertor angesiedelt. In einem selbstverfassten Lebenslauf von Margarita Calvary, der Monika Remelé vorliegt, erzähle sie, dass ihr Vater Ludwig gute Kontakte zur Städtischen Handelskammer hatte und Vorsitzender der Jüdischen Gemeinde in Schweinfurt war.

Doch mit der Machtübernahme durch die Nationalsozialisten änderte sich alles. „Margarita Calvary beschrieb, dass sie das demütigende Gefühl, das sie beschlichen hatte, nur wettmachen konnte, indem sie sich im Sport auszeichnete", erzählt Remelé. Da das Fach Sport zu dieser Zeit einen großen Stellenwert hatte, sei ihre Leistung hier respektiert worden.

Margarita Calvarys Vater wurde 1937 krank. „Calvary vermutete, dass er mit der Tatsache, dass die Nazis seine Fabrik enteignet hatten,

Monika Remelé am Grab von Margarita Calvary, geborene Silberstein: Hier liegt sie neben ihrem Vater Ludwig Silberstein begraben.

nicht fertig wurde." Er sei sehr plötzlich gestorben und Margaritas Mutter habe die Tochter Gretl – wie sie von vielen genannt wurde – kurz darauf nach London geschickt, erzählt Monika Remelé weiter.

Schon 1938 holte Margarita Calvarys Bruder die ganze Familie ins Exil nach Argentinien. „Zum Glück blieb ihnen das Trauma der Reichspogromnacht vom 9. November 1938 erspart", sagt Monika Remelé. In Argentinien habe Gretl Silberstein 1942 den deutsch-jüdischen Berliner Ernesto Calvary geheiratet, mit dem sie zwei Töchter bekam. „Sie beschrieb sich in ihrem selbst verfassten Bericht als sehr wissbegierig. Zudem hatte sie das Gefühl, in puncto Bildung aufholen zu müssen, da sie in Schweinfurt die Schule aufgrund der schwierigen politischen Situation nicht abschließen konnte", erzählt Monika Remelé. So erlernte Calvary von 1944 bis 1947 den Schwesternberuf beim Roten Kreuz. „Außerdem beschäftigte sie sich viel mit Psychologie, Philosophie und Architektur, und sie spielte Violine." Erst spät – im Alter von 50 Jahren – fand Margarita Calvary ihre große Berufung: die Malerei. „Die erste Ausstellung in Madrid in der Galeria Zodiaco war wohl ein großer Erfolg, es folgten viele weitere und zudem Unterricht beim spanischen Maler José Mendez Ruiz, geboren 1936, der Calvary das Stillleben näherbrachte", erzählt sie. Im Jahr 1984, 46 Jahre nach der Flucht ins Exil, gab es dann in Regensburg die erste Ausstellung in Deutschland. „Ein Jahr später, 1985, wagte sie den Gang zurück in ihre Heimatstadt Schweinfurt und stellte in der Städtischen Sparkasse ihre Gemälde aus."

Ein guter Entschluss, der für Calvary tiefgreifende Gefühlsregungen zur Folge hatte: „Während ich durch die Straßen meiner Stadt ging, erschien mir diese wie ein fremder und ferner Ort – trotzdem, manchmal in blitzartigen Momenten – beim Einatmen eines vergessenen Geruchs, beim Klang irgendeines Tones oder beim Wahrnehmen eines Eindruckes – stellte sich ein plötzliches eigenartiges Gefühl tiefer Zuneigung ein", schrieb Margarita Calvary in ihrem Lebensbericht.

Wie tief diese Zuneigung dann doch gewesen sein muss, zeigte sich auch darin, dass sie 2003 zurück nach Schweinfurt zog, wobei sie stets Unterstützung fand im ehemaligen Oberbürgermeister und späteren Ehrenbürger Kurt Petzold und seiner Ehefrau Gisela. Calvary fand neue Freunde, betrieb ein eigenes Atelier in der Friedensstraße, wo sie auch Schüler in der Malerei unterrichtete. „Als ich sie kennenlernte, war ich beeindruckt, wie bescheiden und doch willensstark diese körperlich zierliche Frau auftrat, die so viel erlebt hatte", erinnert sich Monika Remelé.

Wie es in einem Bericht der *Main-Post* heißt, übergab Calvary ihr künstlerisches Werk an ihre Heimatstadt, 70 Werke wurden in der Kunsthalle gezeigt. „Genau dort, im früheren Ernst-Sachs-Bad, das sie noch als Gretl Silberstein nicht mehr hatte betreten dürfen, als die Nazis jüdischen Kindern die Teilnahme am Sport verboten", schreibt der Journalist. Auch bei der feierlichen Übergabe der Stelen am jüdischen Gedenkort in der Siebenbrückleinsgasse im Jahr 2013 – genau 75 Jahre nach dem Pogrom und der Emigration – war Margarita Calvary dabei, erinnert sich Monika Remelé.

2016 starb Margarita Calvary mit 94 Jahren. Die Stadt Schweinfurt sowie die Kunstszene erwiesen ihr mit einer Laudatio die letzte Ehre und verabschiedeten sich „von der Weltbürgerin", wie es in einem Bericht der *Main-Post* heißt. Zu ihrem Gedenken wurde auch eine Straße im neuen Schweinfurter Stadtteil Bellevue nach ihr benannt: *Margarita-Calvary-Straße, Grafikerin, Malerin, Autodidaktin (1922-2016).*

Monika Remelé ist dankbar. Dankbar und berührt, „dass auch meine vier Kinder diese wunderbare Frau kennenlernen durften und sie so im persönlichen Gespräch ein Bild von Calvary bekamen. Von einer Jüdin, die ein schweres Schicksal erlebt hat und doch im Nachhinein ihren Frieden damit gemacht hat – ohne Groll zu hegen". Eine Geschichte der Versöhnung mit der Stadt Schweinfurt. Monika Remelé findet: „So schließt sich der Kreis."

Katja Glatzer

So geht's zur Gedenkstätte:

Das Grab befindet sich im jüdischen Friedhofsteil des Schweinfurter Hauptfriedhofs. Der Grabstein steht in der Abteilung 10 an der Ecke Friedhofstraße/Auenstraße.

06

Lindenbäume

Schatten der Vergangenheit

Was für eine Idylle! Ein kleiner Hügel, darauf zwei mächtige Linden und ein Baumstumpf, der davon kündet, dass dort eine dritte Linde gestanden hat, eine vierte wurde neu gepflanzt.

Peter Hofmann allerdings schaudert stets, wenn er sich hier aufhält. Denn viel zu wissen – und Hofmann weiß eine Menge über das historische Schweinfurt – ist zwar einerseits ein ungemeiner Reichtum, andererseits verhindert es manchmal, dass man Orte unbeschwert genießen kann, weil man ihre traurige oder grausame Geschichte kennt. Und das ist auch bei den Bäumen so: „Früher nannten die Schweinfurter diesen Platz *Das Rad*, denn das war der Ort, an dem gerädert wurde. Verurteilte Verbrecher wurden auf ein Rad geflochten und zur Warnung an gut sichtbaren Stellen aufgestellt. So geschah dies hier im Jahre 1633 mit drei auf dem Haardtberg Geräderten. Ihre Leichname wurden an den Straßen nach Maibach, Hesselbach und Würzburg ‚ausgestellt' ", erzählt der Schweinfurt-Kenner.

Das Rädern war eine der grausamen Hinrichtungsformen des Mittelalters und der Frühen Neuzeit. Besonders grausam deshalb, weil dem Delinquenten zunächst bei lebendigem Leib alle Knochen gebrochen wurden. Meist begann der mit dieser unschönen Tätigkeit betraute Scharfrichter bei den Beinen, auf die er ein schweres Rad warf, und arbeitete sich dann langsam bis zu den Armen vor. Wenn alle Knochen gebrochen waren, wurde der Verurteilte auf das Rad gebunden und selbiges an einem Pfahl ausgestellt. Lebte der Hingerichtete noch, wurde er nun entweder enthauptet, erdrosselt oder verbrannt. Manchmal aber, wenn die Strafe besonders hart ausfallen sollte, ließ man ihn auf das Rad geflochten leben, bis er schließlich an seinen Schmerzen oder Kreislaufzusammenbruch starb. Hatte der Betroffene „Glück", kam er mit einer „milderen" Strafe davon: In diesem Fall wurde er erst getötet und dann gerädert, sodass er zumindest die ent-

Peter Hofmann schaudert stets leicht, wenn er sich am „Seelenvater" aufhält. Das hat mit der Geschichte dieses Ortes zu tun.

setzlichen Qualen nicht erleiden musste. Bekannt ist das zum Beispiel von dem bayerischen Matthias Klostermayr, auch Hiasl genannt, der 1771 als Bandenführer zum Tode verurteilt und dann zunächst erdrosselt, dann gerädert, dann enthauptet und schließlich gevierteilt wurde. In jeder der Städte, in denen er einen Diebstahl begangen hatte, wurde eines der vier Teile seines Körpers öffentlich ausgestellt.

Im Vergleich zu den Geräderten hatte der Schweinfurter „Seelenvater“ noch regelrecht Glück – auch wenn es seltsam anmutet, bei einer Hinrichtung von Glück zu sprechen. „*Seelenvater* ist der zweite, geläufigere Begriff für diesen Ort“, sagt Peter Hofmann. „Diese Bezeichnung erinnert an einen Waisenvater, auch Seelenvater genannt, der die ihm anvertrauten Waisen in verwerflicher Weise um ihr Eigentum betrog. Als man ihn eines Tages überführte, wurde er zum Tode durch das Henkersschwert verurteilt. Vor seinem Tode gewährte man ihm einen letzten Wunsch. Er antwortete: ‚Wenn mein Kopf abgetrennt sein wird, so wird mein Körper noch eine gewisse Strecke des Weges weiterlaufen. Diese Strecke soll im Geviert abgemessen und dieses Areal als Acker meinen Hinterbliebenen übergeben werden.‘ “ Man habe es dem Seelenvater gewährt, wie Hofmann weiter berichtet. „Als er am heutigen *Seelenvater* auf der Maibacher Höhe schließlich enthauptet wurde, lief sein Körper tatsächlich noch ein gutes Stück weiter. So wurde der Acker abgemessen und seinen Nachkommen übereignet“, erzählt der Schweinfurter. „So heißt nun dieses Flurstück bis zum heutigen Tag *Seelenvater*.“

Ob gerädert oder enthauptet: Fakt ist, dass hier oben auf der Höhe unter den drei Linden grausame Hinrichtungen stattfanden. Kein Wunder, dass für Peter Hofmann ein Schatten über dieser vermeintlichen Idylle liegt.

Eva-Maria Bast

So geht's zu den Lindenbäumen:

Man findet sie an der Straße nach Maibach, dort, wo die Heeresstraße unter ihr durchgeführt wird, in der Rechtskurve auf der linken Seite.

Einer der zahlreichen Kurvensteine in Schweinfurt – hier in der Frauengasse.

07

Kurvenstein

Wenn's der Fuhrmann eilig hatte

Wenn heute jemand die Kurve kratzt, tut er das in voller Absicht: Er fährt – und zwar zügig. Und vor allem: ohne einen Stein zu beschädigen. Wer im Mittelalter die Kurve kratzte, tat dies aber unabsichtlich. In Schweinfurt gibt es viele Stellen, an denen sich der Ursprung der Redewendung „die Kurve kratzen" bestens nachvollziehen lässt. Große Steine an Hausecken oder Hofeinfahrten sind noch heute als Relikte sichtbar. Sie wurden einst angebracht, damit die Wagen die Häuser mit den Radnaben nicht beschädigten, wenn sie um die Kurve fuhren.

Denn die Straßen waren eng, meistens auch noch krumm und die

Fuhrwerke wenig wendig. Und Fahrzeuge gab es jede Menge in der Stadt: Kaufleute aus Nah und Fern versuchten, gute Geschäfte zu machen, Bauern lenkten die Erntewagen in die Hofeinfahrten. Auch ansonsten war viel los: Bürger gingen ihrer Wege, Bauern trieben ihr Vieh zum Markt, Hunde, Schweine und andere Tiere rannten durch die Gassen.

Kein Wunder also, dass so manche Häuserecke in Mitleidenschaft gezogen wurde, wenn wieder einmal zwei Wagen nur haarscharf aneinander vorbeipassten und die Fahrer die Breite des Weges voll ausnutzen mussten oder wenn jemand mit seinem Fuhrwerk gar zu schnell durch die Straßen fuhr. Die Bewohner der Häuser, deren Ecken derart von den Wägen drangsaliert wurden, hatten es natürlich bald satt, ständig Ausbesserungsarbeiten an ihren Häusern vornehmen zu müssen. Also fingen sie an, große Felsbrocken vor die Ecken zu stellen. Künftig blieben die Karren nicht an den Häuserecken hängen, sondern an den vorgelagerten Steinen. Die konnten, waren sie allzu sehr beschädigt worden, entweder wieder aufgerichtet oder ersetzt werden.

Doch mit den Kratzsteinen wurden die Gassen noch enger. Jetzt kratzten die Fuhrmänner zwar nicht mehr die Kurve, rammten aber den Fels. Wenn es ihnen dennoch gelungen war, durch die Stadt zu fahren, ohne sich trotz der widrigen Straßenverhältnisse das Fuhrwerk zu ruinieren, konnten sie mit Fug und Recht behaupten: „Ich habe gerade noch einmal die Kurve gekratzt." Übrigens: Mancher Hausbesitzer greift noch immer gern auf die mittelalterliche Tradition des Kurvensteins zurück. Selbst wenn es heute keine weit hervorstehenden Radnaben mehr gibt, kann es Sinn machen, die Hausecke zu schützen. Denn dass Autofahrer allzeit die Kurve kriegen, ist schließlich immer noch nicht selbstverständlich.

Eva-Maria Bast

So geht's zum Kurvenstein:

Kurvensteine sind an zahlreichen Gebäuden in Schweinfurt zu finden, zum Beispiel, in einer relativ modernen Variante, in der Frauengasse.

Hier reitet Neptun auf einem Delfin. In der linken Hand hält er seine Stichwaffe, einen Dreizack.

08

Neptun

Vom Schwimmbad zur Kunsthalle

Die Kunsthalle in Schweinfurt mit über 2.000 Quadratmetern Ausstellungsfläche, auf der moderne und zeitgenössische Kunst gezeigt wird, kennt jeder. Die meisten Besucher gehen zielstrebig auf den Haupteingang zu. Selbst wenn sie vom Parkplatz aus den Weg an der Stadtmauer entlang wählen, widmen die wenigsten ihre Aufmerksamkeit dem zugemauerten Seiteneingang, über dem sich ein steinernes Relief befindet. Dabei spielt dieses eine nicht unbedeutende Rolle in der Historie des Gebäudes. Das Relief zeigt Neptun, den römischen Gott der Meere, der mit einem Dreizack – seiner Stichwaffe – in der linken Hand auf einem Delfin reitet. „Es ist einer der zahlreichen Hinweise, die auf die ursprüngliche Nutzung des Gebäudes anspielen", erklärt Andrea Brandl, Leiterin der Kunsthalle und des Kulturamts. Denn: Die heutige Kunsthalle war ehemals ein Hallenbad, das Ernst-Sachs-Bad. „Der zugemauerte Seiteneingang", berichtet Andrea Brandl weiter, „war der Eingang für die Schüler und Schülerinnen, die zum Schwimmunterricht gingen. Wie zumindest die älteren Schweinfurter wissen dürften, wurde das Bad bis zum Jahr 2005 betrieben. Viele können sich bestimmt noch daran erinnern, wie sie hier ihr Seepferdchen und den Freischwimmer machten oder vor der Pforte des Neptun im kalten Winter darauf warteten, endlich vom Hausmeister hineingelassen zu werden."

Was das Neptun-Relief angeht: Der Entwurf dazu stammt von dem in Bamberg geborenen Lothar Schwink (1886-1963), der ein Schüler des Bildhauers Josef Wackerle (1880-1956) war. Mit der Ausführung war indes der unbekanntere Schweinfurter Bildhauer Georg Kaffer betraut. Über diesen sei in der Literatur nicht viel bekannt, erklärt die gebürtige Oberfränkin Andrea Brandl, die Kunstgeschichte, Klassische Archäologie und Philosophie an der Julius-Maximilians-Universität Würzburg studiert hat.

Spätestens seit dem Einzug der Kunsthalle ist sie auch emotional mit dem Gebäude verbunden. „Natürlich war das Ernst-Sachs-Bad kein Spaßbad, wie wir es heute kennen – sondern praktisch und funktional eingerichtet und trotzdem sehr mondän", erklärt sie. Man müsse sich vergegenwärtigen, dass vor 100 Jahren ein Bad nicht der Freizeitgestaltung diente, sondern der Gesundheit und der Körperhygiene, „denn nur wenige Wohnungen verfügten damals auch über Bäder". Neben der Schwimmhalle gab es hier auch Wannenbäder, ein Römisch-Irisches Bad und Plätze für medizinische Massagen. Letztere befanden sich übrigens in Räumlichkeiten hinter der zugemauerten Pforte. Zudem gelangte man durch besagte Tür über einen Flur zu einer Treppe, die ins damalige Casino des Bades führte.

Ihren Namen verdankte die Schwimmhalle dem Industriellen Ernst Sachs (1867-1932), der bereits im Jahr 1917 eine stattliche Summe für ein Hallenbad in der Stadt gestiftet hatte. Aufgrund des Ersten Weltkriegs und der anschließenden Inflation dauerte es jedoch noch viele Jahre, bis das Bad 1933 endlich eröffnet werden konnte. „Da war Ernst Sachs selbst allerdings schon tot, er starb 1932 im Alter von 64 Jahren." Dennoch sei der Stifter im und am Gebäude präsent. So erinnert beispielsweise bis heute am Portal der Kunsthalle eine Inschrift an sein großzügiges Engagement: *Ernst-Sachs-Bad / Zur Förderung der Gesundheit / Zum Wohl und Segen der Bevölkerung / Erbaut 1931/32 / Wiederhergestellt 1947/49.* Letzteres bezieht sich auf die schweren Schäden, die das Bad im Zweiten Weltkrieg erlitten hatte.

Als Architekt für das mondäne Bad kam in den 1920er-Jahren der gebürtige Würzburger Roderich Fick (1886-1955) zum Zuge. Die Museumsleiterin beschreibt, dass er einen trapezförmigen Bau plante, der trotz seiner Extravaganz ein hohes Maß an Funktionalität bieten sollte. „Im Prinzip war das Kunst. Das haben in den 30er-Jahren auch Mitglieder des Schweinfurter Stadtrats festgestellt und angemerkt, dass die Schwimmhalle einer Festhalle gleichkam", erzählt Andrea Brandl.

Andrea Brandl vor der Seitenpforte der Kunsthalle, dem ehemaligen Ernst-Sachs-Bad.

Vielleicht, so könnte man meinen, war die heutige Nutzung dem herrschaftlichen Bau schon damals in die Wiege gelegt. So heißt es in *Das Ernst-Sachs Volksbad* von Architekt Rudolf Pfister (1886-1970) aus München: „Einer hochherzigen Stiftung sein Entstehen verdankend ist es zu einem in jeder Hinsicht kostbaren Geschenk für die Bevölkerung Schweinfurts geworden. Und mehr als dies: das schönste Bad Deutschlands."

Yasmin Renges beschreibt in ihrer Doktorarbeit *Die Stadtbäder der Goldenen Zwanziger* aus dem Jahr 2015 das Bad wie folgt: „Dort, wo die Sachlichkeitsanbeter die höchste Vollendung sehen, dort fängt die wirkliche Leistung des Baukünstlers erst an. Der Architekt des Schweinfurter Bades wusste dies, und deshalb ist sein Werk auch mehr geworden als seine Brüder im übrigen Reich: keine ‚Anstalt für Reinlichkeit', keine ‚sanitäre Einrichtung', sondern das, was es sein soll: eine Stätte der Körperpflege in dem höheren Sinne, der aller Körperpflege des Altertums eigen war, in dem Sinne der Erziehung zum schönen, gesunden Körper in Verbindung mit einem gesunden Geist."

Dass das Gebäude tatsächlich für Kunstausstellungen prädestiniert war, habe sich dann im Jahr 2005 gezeigt, erzählt Andrea Brandl, „die Planungen begannen noch während des laufenden Badebetriebs". Im Mai 2009 öffnete das Ernst-Sachs-Bad nach umfänglichen Umbaumaßnahmen erneut – nun als Museum für zeitgenössische Kunst. „Wir haben uns bemüht, die ursprüngliche Nutzung noch an vielen Stellen nachzuempfinden", erklärt die Kunsthistorikerin. Allerdings sind einige Reliefs in der Umbauphase zur Kunsthalle auch verloren gegangen. Nicht so das beschriebene Neptun-Relief an der Seitenpforte, das auf die einstige Nutzung des Gebäudes als Bäderbetrieb hinweist – ebenso wie das Wassergeister zeigende Relief, das den Innenhof des Gebäudes schmückt. Das berühmteste Kunstwerk ist der von Josef Wackerle selbst erbaute „Rossebändiger-Brunnen" auf dem Platz vor der Kunsthalle, der ein Pferd mit Fischschwanz zeigt. „Ein Mann hält am Zaum ein sich bäumendes Roß, dessen gedrungener Leib in einem Fischschwanz endet: Eine Allegorie auf die geistige Kraft des Menschen, welche die Naturgewalt des Wassers bändigt und nutzt", so heißt es in Erich Safferts *Stadtführer* von 1963. Andrea Brandl geht in einer eigenen, noch unpublizierten Ausarbeitung noch weiter und sieht in der Brunnenplastik ein originelles Zitat zum berühmten barocken Brunnen in Rom, der Fontana di Trevi.

Wie dem auch sei. Fakt ist, dass die Erinnerung an den einstigen Bäderbetrieb bestehen bleiben soll. Was übrigens das Paradoxon der zugemauerten Seitenpforte angeht, hat dies einen ganz profanen Grund, wie die Museumsleiterin erläutert: „Jeder Zugang zum Museum ist ein mögliches Schlupfloch mehr und somit ein Sicherheitsrisiko. So kam der Entschluss, die ehemalige Tür zuzumauern."

Katja Glatzer

So geht's zum Neptun:

Die Kunsthalle befindet sich in der Rüfferstraße 4. Geht man am Seiteneingang des Museums an der Stadtmauer entlang, entdeckt man die zugemauerte Pforte.

Johannisgemälde: Johannes der Täufer spricht stehend zum Volk.

Johannisgemälde

09

Vertrieben aus Würzburg

Zwar kennt jeder Schweinfurter die älteste Kirche der Stadt, St. Johannis, doch welch interessantes Zeugnis der Gegenreformation sich an der Nordwand des Chorraumes befindet, mag für manchen überraschend sein. Gemeint ist das Johannis-Gemälde des Schweinfurter Künstlers Conrad Geiger, der 1751 in Erlangen geboren wurde. Es zeigt eine Szene mit Johannes dem Täufer, der zum Volk spricht und es bittet, niemandem Gewalt oder Unrecht anzutun. Die eigentliche Hauptrolle aber spielt ein Mann namens Balthasar Rüffer, der in der Mitte des Bildes als breitschultriger, bärtiger Mann im Mantel eines Ratsherrn hervorsticht: „Dieser Mann, der 200 Jahre vor Geiger gelebt hat, war der Anlass zu diesem Gemälde“, verrät die gebürtige Schweinfurterin und Kirchenkennerin Wiltrud Wößner.

Aber wer ist dieser Mann? Und warum taucht er in dem Gemälde auf? In einer Inschrift, die in einem eigens dafür abgeteilten Feld auf dem schönen Empire-Rahmen zu sehen ist, heißt es: *Dem Andenken eines verdienstvollen Mannes, welcher im Geiste Johannis wohltätig war, Johann Balthasar Rüffer, Bürger dahier, geboren 1534, gestorben 1599. Gefertigt 1807.*

Wiltrud Wößner, die 42 Jahre lang im Kirchenvorstand von St. Johannis tätig war, kennt die skandalöse Geschichte, die dahinter steht: So floh eben jener Balthasar Rüffer etwa 1587 zu Beginn der Gegenreformation mit seiner Frau und sieben Kindern aus dem von Julius Echter regierten Würzburg nach Schweinfurt. „Wegen seines protestantischen Glaubens wurde der Bürgermeister von Würzburg aus dem Amt und dem Stadtrat, dann sogar aus Würzburg vertrieben.“ Doch nicht nur gehen musste er, „er hatte auch noch eine Nachsteuer in Höhe von zwei Prozent seines Vermögens zu entrichten, weil er Würzburg verließ.“ In Schweinfurt, so beschreibt es Wiltrud Wößner, wurde er als Wohltäter bekannt, er ließ zum Beispiel im Markgräflerkrieg 1553/1554 zerstörte Häuser wiederaufbauen. „Er wurde auf dem Alten Friedhof begraben und bekam ein Grabmal aus Bronze.“

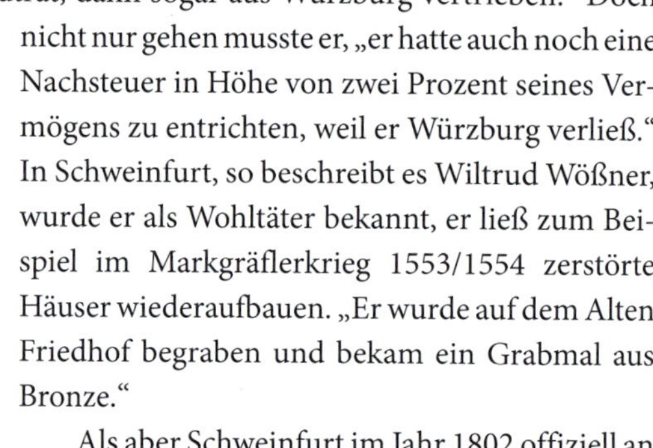

Das Johannisgemälde.

Als aber Schweinfurt im Jahr 1802 offiziell an Bayern überging, sollte der Friedhof aus hygienischen Gründen aus der Stadt ausgelagert werden, so die Schweinfurterin weiter. Bei der Verlegung 1805 wurde das Grabmal von den Verwandten nicht entfernt, die kurfürstliche Regierungskommission ließ es zusammenschlagen und die Bronze verkaufen. „Dagegen protestierte die Familie Rüffer und wandte sich sogar an den König.“ Fazit: Das erlöste Geld musste zurückgegeben werden, die Nachkommen beauftragten nun Konrad Geiger, zum Andenken an Rüffer dieses Gemälde anzufertigen.

Am Rande rankt sich noch eine zweite spannende Geschichte um das Gemälde: Die Frau mit gelb-braunem Gewand und blondem Haar im Vordergrund des Bildes zeigte Geigers Ehefrau Barbara. Unter der ausgestreckten Hand des Johannes hat Geiger sich selbst verewigt, daneben zwei Mädchengesichter: seine Töchter. „Das missfiel den Schweinfurtern und Geiger erntete Kritik", weiß Wiltrud Wößner. Der Magistrat, so sei es überliefert, akzeptierte das Gemälde nicht in dieser Form. „Es heißt, dass Geiger daraufhin die Köpfe seiner Frau und der Mädchen geändert hat, nicht aber seinen eigenen."

Dass er unter der Situation litt, zeigt die Korrespondenz der Tochter Margarete Geiger mit ihrer Familie. In einem Brief vom 31. Juli 1807 schrieb sie: „Daß das große Kirchenbild fertig ist, bin ich selbst auch froh, da wird wohl mehr als ein heiliges römisches Reichsdonnerwetter darüber geregnet haben. Es muss gewiss recht schön geworden sein, weil der Neid seine Galle so darüber geschüttet hat." Bekannt ist, dass Geiger nach diesem Gemälde nur noch ein oder zwei Porträts malte, wie Wiltrud Wößner berichtet: „Kurz darauf starb er."

Noch heute wirke die Geschichte der Wiedergutmachung für das zerschlagene Rüffer-Grab bezaubernd, findet sie. „Die Schweinfurter haben ihn als Wohltäter verehrt und bewundert." Es habe sich gezeigt, dass die Domstadt Würzburg damals „nicht nur einen reichen, sondern auch einen sehr gebildeten und politisch klugen Mann verlor". Scheinbar sahen das die Würzburger mit etwas Abstand zur Geschichte ähnlich, denn auch im dortigen „Museum für Franken" hängt zum Gedenken an den ehemaligen Bürgermeister Rüffer ein Gemälde, ebenfalls mit langem Bart und Pelzkragen.

Katja Glatzer

So geht's zum Johannisgemälde:

Vom Marktplatz geht es in Richtung Martin-Luther-Platz zur St. Johanniskirche. Wenn man sie durch den Haupteingang betritt, geht es geradeaus Richtung Altar bis in den Chorraum hinein. An der Nordwand auf der linken Seite befindet sich das Johannisgemälde.

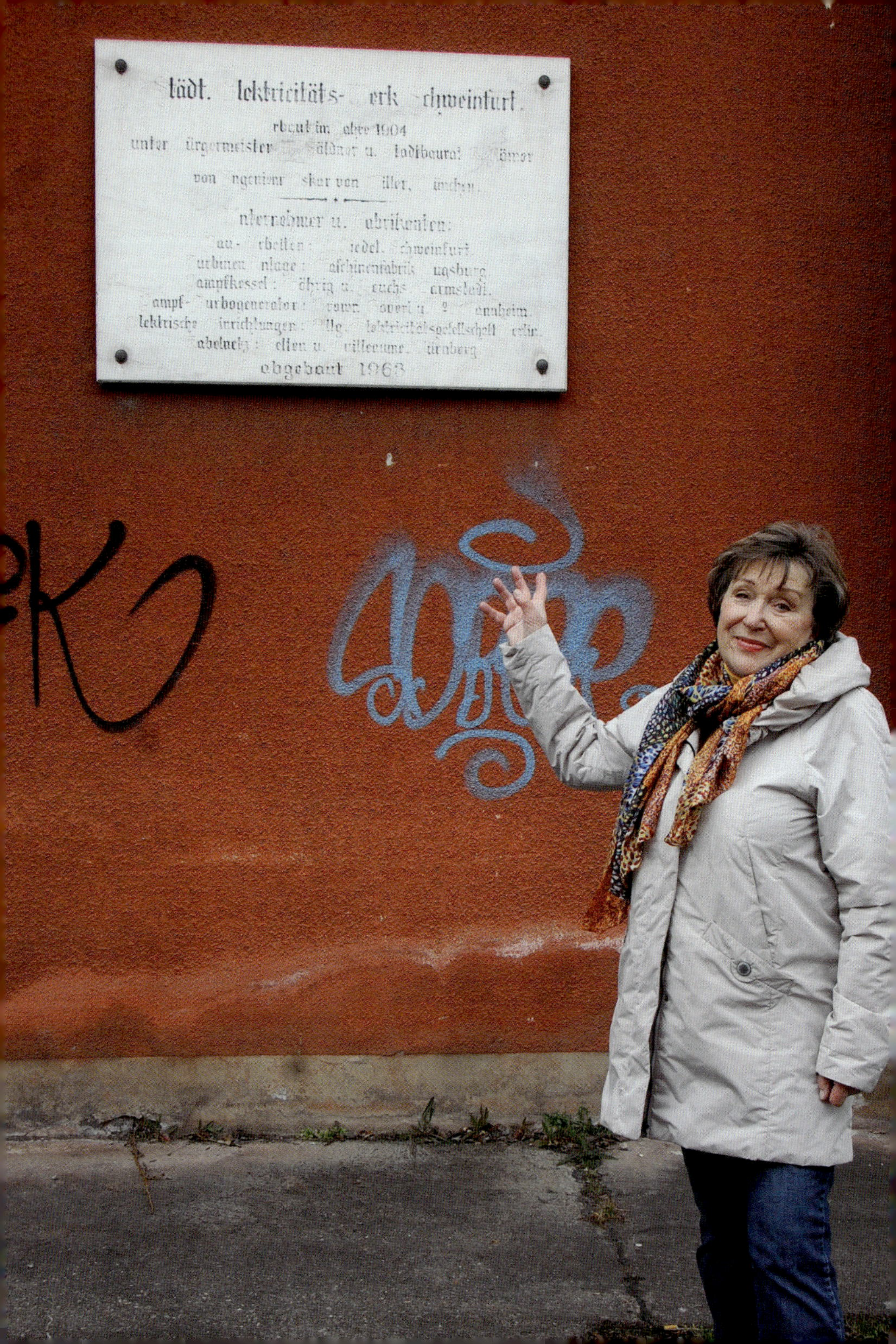
tädt. lektricitäts- erk chweinfurt.
rbaut im ahre 1904
unter ürgermeister ..öldner u. tadtbaurat ..ömer
von ngenieur skar von iller, ünchen.
nternehmer u. abrikanten:
au- rbeiten: edel. chweinfurt.
urbinen nlage: aschinenfabrik ugsburg.
ampfkessel: öhrig u. uchs armstadt.
ampf- urbogenerator: rown overi u. ? annheim.
lektrische inrichtungen: llg. lektricitätsgesellschaft erlin.
abelnetz: elten u. uilleaume. ürnberg.
abgebaut 1963

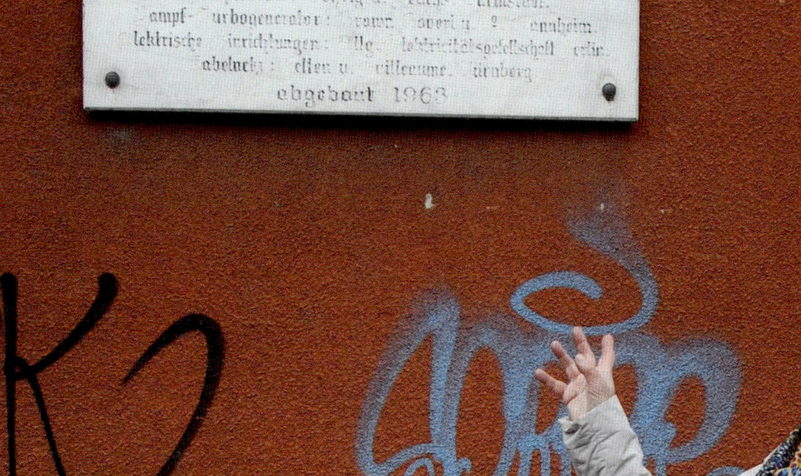

10

Gründungstafel

Königliches Wasserprivileg gilt bis heute

Den Main und sein Ufergelände hat Schweinfurt bei der Stadtplanung lange ignoriert. Seit vielen Jahrhunderten war der Fluss vor allem wichtiger Energielieferant, Verkehrs- und Handelsweg. Und an seinen Gestaden entstand im 19. Jahrhundert die Keimzelle der Schweinfurter Industrie. Aber erst am Anfang der 2000er-Jahre entdeckte das Rathaus seinen Wert auch für die Stadtentwicklung.

Die umgestaltete Mainlände im Osten und die Promenade im Westen – der Main-Fernradweg führt vorbei – sind beliebte Spazierwege, Aufenthaltsorte und Treffpunkte – auch dank des gewachsenen Gastroangebots. Es ist also viel Volk unterwegs, das allerdings keinerlei Notiz von einer verwitterten und offensichtlich sehr alten Tafel nimmt, die über Wegweisendes informiert: 1905 entstand zwischen der Spinnmühle und der Kulturwerkstatt Disharmonie das erste Elektrizitätswerk der Stadt, das für Strom „made in Schweinfurt" sorgte. Geplant und gebaut hat es der Elektrotechniker und Wasserkraftpionier Oskar von Miller (1855-1934), dem für sein segensreiches Wirken eine Straße im Stadtteil Bergl gewidmet ist.

Die folgende, im wahrsten Wortsinn spannende Geschichte ist für Karla Wiedorfer „eines meiner Lieblingsbeispiele dafür, warum Geschichte und Wissen darüber nicht langweilig ist". Die „Strom-Story", von der die Gästeführerin erzählt, geht weit zurück – ins frühe 14. Jahrhundert. Die noch junge Reichsstadt, seit 1282 urkundlich als solche erwähnt, war von den seinerzeit herrschenden Kaisern aus Geldmangel jeweils hälftig an die „Erzfeinde", die Henneberger und die Bischöfe von Würzburg, verpfändet worden. Nun bestand die Gefahr, auf Dauer unter fremde Herrschaft zu geraten. Obwohl sich die Stadt damit hoch verschuldete, gelang es ihr bis 1385, sich unter größten finanziellen Opfern der Bürgerschaft wieder freizukaufen. „Schweinfurt war somit wieder eine freie Stadt des Reiches mit den

Karla Wiedorfer weiß, was es mit dieser spannenden Tafel auf sich hat.

entsprechenden Rechten geworden", erklärt Karla Wiedorfer. Quasi als „Dankeschön dafür, dass die Stadt wieder ihm gehörte", wie die Gästeführerin das so schön formuliert, verlieh König Wenzel IV. (1361-1419) Schweinfurt etliche Privilegien. Das urkundlich belegte königliche Privileg vom 24. Juni 1397 ist wichtig für unsere Stromgeschichte: *„(...) verleiht der Aussteller den Bürgern und Einwohnern der Reichsstadt Schweinfurt (das Recht), im Reichsstrom Main in und bei ihrer Stadt sowie innerhalb von deren Landgebiet Landebrücken, Stege, Mühlen, Wehre und andere Gebäude, die sie zu ihrer Notdurft benötigen, zu errichten.*" Damit erhielt die Reichsstadt unter anderen das Mühlenrecht zuerkannt, also das Recht zur Nutzung der Wasserkraft.

Es war schon damals von allergrößter Bedeutung für die Unabhängigkeit der Stadt, denn es war mit der Begründung, die Mühlwehre würden die Schifffahrt behindern, schon zuvor eine der Quellen jahrzehntelanger Streitigkeiten mit Würzburg gewesen. Die Schweinfurter nutzten 1397 die ihnen eingeräumten Privilegien auch sofort und bauten – trotz des erbitterten Widerstands der Fürstbischöfe – Brücken, Wehre, Stege und Mühlwerke für ihre Stadt. Tatsächlich bringt dieses Privileg der Stadt bis heute große Vorteile.

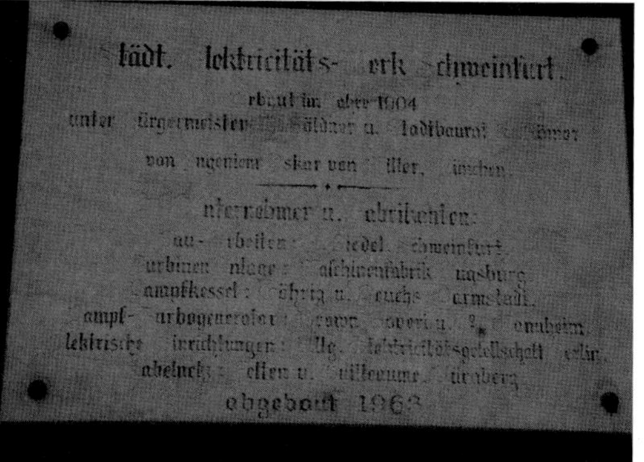

Am Main wurde Geschichte geschrieben. An den Bau des ersten E-Werks erinnert diese verblasste Tafel. Der Name des Bauherrn und Planers Oskar von Miller ist bereits schwer erkennbar.

Aber erst noch die weitere Historie. Nach den Zerstörungen im Zweiten Stadtverderben von 1554 war eines der ersten großen Vorhaben, die Mainmühle wieder funktionsfähig zu machen. Erneuert und vergrößert, wurde sie bis 1582 mit 16 Mahlgängen ausgestattet. Matthaeus Merian beschrieb den stattlichen Bau in seiner *Topographia Frankonia*: Die Mainmühle sei „dergestalt wohlerbaut, daß dergleichen am Mainstrome nicht viel zu sehen (ist)". Das so mühsam erkämpfte Wasserrecht zahlte sich schon damals aus, denn die

Mühle wurde über Jahrhunderte zu einer der wichtigsten Einnahmequellen der Freien Reichsstadt. Noch 1803, als Schweinfurt bayerisch wurde, bewertete man ihr Maschinenwesen als vortrefflich und als eine der besten „Zubehörungen" der Stadt. „Leider wurde diese historische, technisch immer noch beeindruckende Mühle 1841 ohne jede Dokumentation abgerissen", berichtet Karla Wiedorfer.

1842 wurde sie an gleicher Stelle durch mehrere moderne Mühlen ersetzt. Ab 1897 erzwangen Eisgänge, Hochwasser und die Erfordernisse der Schifffahrt einen Umbau aller wasserbaulichen Anlagen am Main. Brücken, Schleusen und Wehre wurden mit riesigem Aufwand umgestaltet. In diesem Zusammenhang entschlossen sich die damals Verantwortlichen – dem Ruf der Zeit folgend – ein städtisches Elektrizitätswerk zu bauen, das mit der Wasserkraft des Mains elektrische Energie erzeugen sollte.

Planer und Erbauer war der eingangs erwähnte Oskar von Miller. Den Auftrag erhielt er „nach einem intensivem Auswahlverfahren", berichtet Karla Wiedorfer. Ursächlich dafür war sein Vorschlag, die Energie mittels des relativ neuen Drehstromverfahrens, anstelle der gebräuchlichen Gleichstromanlagen, zu generieren – und: weil seine Betriebskostenberechnung die günstigste war.

Wie auf der Gedenktafel zu lesen ist, wurde die Anlage 1905 in Betrieb genommen. Eine technische Meisterleistung. Die zwei Francis-Turbinen mit je 400 PS waren die größten Strom-Turbinen Deutschlands. Und auch der fürs Kraftwerk notwendige Wasserdruck wurde mit einer Weltneuheit reguliert: mit der Walzenwehrtechnik. Sie kam in Schweinfurt erstmals zum Einsatz. Diese Anlage wurde vorbildhaft, versorgte den Schlachthof auf der Maininsel, öffentliche Gebäude, Industrie und später private Haushalte mit E-Energie. Nur ein Jahr später machte das E-Werk die erste elektrische Straßenbeleuchtung in Schweinfurt möglich.

„Wie unglaublich innovativ man damals in Schweinfurt doch war."

„Wie unglaublich innovativ man damals in Schweinfurt doch war", fasst Karla Wiedorfer die Rekorde zusammen. Das E-Werk, zunächst als reine städtische Einrichtung zur Selbstversorgung geplant, speiste schon ab den 1920er-Jahren ins Versorgungsnetz des

Bayernwerks ein. Die Anlage wurde immer wieder modernisiert und der jeweils aktuellen Technik angepasst.

Das ebenso in den 1920er-Jahren gestartete Kanalprojekt der „Rhein-Main-Donau-AG“ kam, nach Kriegsunterbrechung, Anfang 1960 in Schweinfurt an. Schon bei der Gründung wurde bei der Konzessionsvergabe in einem Staatsvertrag zwischen dem Land Bayern und dem deutschen Staat festgelegt, dass sich der Kanalbau praktisch selbst finanzieren sollte. Die Idee war, entlang des Flusses Wasserkraftwerke zur Stromerzeugung zu bauen und mit dem Erlös die Finanzierung von Bau und Unterhalt zu sichern. 1963 mussten für den nun schon wieder notwendigen Umbau und die Erweiterung des Flussquerschnittes das legendäre, gerade mal 60 Jahre alte Walzenwehr und E-Werk schon wieder weichen.

Damit hätte Schweinfurt nun eigentlich seine unabhängige, eigenständige Energieversorgung erstmals verloren. Aber: Da war ja noch das königliche Privileg von 1397, also das Recht zur Nutzung der Wasserkraft. Auch mit Hilfe dieses Dokumentes setzte die Stadt „nach zähen Verhandlungen durch, dass ihr 25 Prozent des Erlöses aus dem neuen Mainkraftwerk zugutekommen“, weiß Karla Wiedorfer zu berichten. Der geschlossene Staatsvertrag gilt bis 2050.

Fazit von Karla Wiedorfer: „Nach über 600 Jahren profitiert die Stadt heute noch immer vom damaligen Bürgerwillen für Unabhängigkeit und den politischen Konsequenzen. Sowohl die damalige Opferbereitschaft der Schweinfurter als auch die Privilegien erzählen von der Bedeutung jeweiliger politischer Entscheidungen für zukünftige Generationen.“

Hannes Helferich

So geht's zur Gründungstafel:

Vom Marktplatz bis zum Main, rechts hinunter auf der Gutermannpromenade. Die Tafel hängt am E-Werkgebäude zwischen Spinnmühle und Disharmonie.

Blick zum Kirchturm von St. Johannis: Welch Aufregung es einst hinter diesen Mauern um eine Glocke gab, ist vielen Schweinfurter nicht bekannt.

11

Turm

Die Glocke passte nicht durchs Fenster

Ein ganz besonderer Tag sollte der 4. Dezember 1563 für die Kirche St. Johannis werden. An jenem Tag sollte die neue Glocke – von Meister Heinrich von Trier gegossen – in den Glockenturm gehievt werden. Doch, wie es manchmal so spielt im Leben: Nicht immer geht alles glatt.

Aber von Anfang an: Nach dem verheerenden Stadtverderben 1554 waren die Schweinfurter erst einmal damit beschäftigt, ihre Umgebung wiederaufzubauen. „Politisch und religiös war es – auch durch den Augsburger Religionsfrieden von 1555 – etwas ruhiger geworden", schildert die Schweinfurterin Wiltrud Wößner die damalige Lage. Im August 1562 hatte der Turm der Pfarrkirche sogar ein neues Dach bekommen. „Dort oben sollte bald auch die neue Glocke hängen, für die extra Meister Heinrich von Trier beauftragt worden war." Den Aufzeichnungen zufolge sei „allerhand Material" gebraucht worden, erzählt Wiltrud Wößner, denn es sollte keine kleine Kirchenglocke werden. „Sie hatte am unteren Rand einen Durchmesser von 1,50 Metern und brachte fast zwei Tonnen Gewicht auf die Waage. Von einer Glocke, die den Grundton für ein schönes Geläut geben sollte, war die Rede", sagt die Kirchenkennerin, die mehrere Bücher rund um die Geschichte von St. Johannis verfasst hat.

Die Glocke war nicht im eigentlichen Sinne neu, vielmehr war sie wiederauferstanden, die Schweinfurter hatten Heinrich von Trier Bronzestücke der im Krieg zerbrochenen oder geschmolzenen Glocken gebracht, „aber man hatte auch fast sieben Zentner gutes Kupfer zugekauft". Am 27. Oktober 1563 erfolgte der Guss. „Das flüssige Metall musste rasch den ganzen Hohlraum, den vorher die Modellglocke einnahm, blasenfrei ausfüllen", erzählt Wiltrud Wößner. Zwei Abgüsse verwendete der Meister für das Relief des Schmuckbandes: einen runden mit einem Putto und einen rechteckigen, der einen Ritter und eine Dame zeigt, die sich anschauen. Laut der Kirchenkennerin ist auf dem Schriftband der Stadtadler. Der Glockengießer verzierte es zudem mit dem Vers: *KOM HER VND HOER GOTTES WORT DARDVRCH DV LEBST HIE VND DORT*. Unter den Stadtadler, den er auf einer Glockenseite aufgebracht hatte, setzte der Glockengießer sein Meisterzeichen *HVT* – Heinrich von Trier. Nachdem der Guss gelungen war, hieß es, geduldig die Abkühlungszeit abzuwarten.

„Es wird beschrieben, dass die Glocke makellos war und einen reinen, satten Klang hatte." Also: fertig zum Hochhieven in den Kirchturm, was eben an jenem 4. Dezember 1563 geschehen sollte.

In ihrer Johannisgeschichte *Problem am Bau* stellt sich Wößner vor, wie dieser Tag damals abgelaufen sein könnte, und schildert einen möglichen Transport mit dem Ochsenkarren zum Kirchplatz, wo sich Hebevorrichtungen befunden haben müssen, Flaschenzug und Seilwinde, die von Männern bedient wurden. Langsam schwebte die Glocke dann nach oben, aber vor dem nördlichen Schallfenster stockte es. Irgendetwas stimmte nicht! „Die geht net nei", könnte von oben zu hören gewesen sein und „Ihr müssd se noch halt", schreibt Wiltrud Wößner in dem Buch. Was war passiert? Der Meister hatte sich doch an alle Maße für die Glocke gehalten, die Kirchenherren hatten oft genug nachgemessen. Und trotzdem: „Das Fenster im Glockengeschoss oben war um eine Handspanne zu eng. Die Glocke passte nicht durch", benennt die Schweinfurterin das große Missgeschick.

Schnell wurde ein Steinmetz geholt. „Dieser", so stellt es die Kirchenliebhaberin weiter dar, „schlug auf beiden Seiten aus dem Gewände eine etwa handbreite Rinne heraus – und nun passte auch der untere Rand der Glocke hindurch." Die Endmontage habe noch etwa zwei Wochen gedauert. Aber schließlich – zwei Tage vor Weihnachten 1563 – gab es das große Happy End: Mittags erklang zum ersten Mal „die klare, bronzene Stimme der neuen Glocke über dem Marktplatz und den Häusern der Schweinfurter".

„Dieser schlug auf beiden Seiten aus dem Gewände eine etwa handbreite Rinne heraus – und nun passte auch der untere Rand der Glocke hindurch."

Wiltrud Wößner selbst war es übrigens, die im Zuge der Sanierung des Glockenturms 2001 herausfand, dass „die Verschandelung des Gewändes mit seinen herausgeschlagenen Rillen" etwas mit der Glocke zu tun haben musste, und ging dem auf die Spur.

Das Schönste aber ist: Auch heute noch, jeden Mittag um 12 Uhr und jeden Abend um 21 Uhr, ist das Einzelgeläut von damals über den Dächern der Stadt zu hören.

Katja Glatzer

So geht's zum Turm:

Läuft man vom Marktplatz kommend der Schauseite der evangelischen Kirche St. Johannis, Martin-Luther-Platz 1, entgegen, stößt man auf den Glockenturm.

Die Fassade ist gespickt mit Kanonenkugeln.

12

Kanonenkugeln

Am Ende flogen die Geschosse

Sie sehen gefährlich aus. Und sie erfüllen ihren Zweck: daran zu erinnern, was für ein kostbares Gut Friede ist. Die Rede ist von den zahlreichen Kanonenkugeln, die groß und schwarz im 15891591 erbauten Zeughaus (siehe Geheimnis 26) stecken. „Das sind Überbleibsel aus dem Dreißigjährigen Krieg", sagt Gästeführerin Martina Barth, die sich ausführlich mit dieser Zeit in Schweinfurt beschäftigt hat. Sie weiß auch, dass, wenn zwischen 1618 und 1648 auch nur sehr wenige Kugeln auf die Stadt flogen, diese Jahre für Schweinfurt zum einen sehr hart und zum anderen sehr wechselvoll waren – und das hängt mit seiner Geschichte zusammen:

„Schweinfurt war Freie Reichsstadt, aber ab 1542 protestantisch. Das heißt: Als Freie Reichsstadt war es dem Kaiser, dem katholischen Habsburger, untertan, aber andererseits war es protestantisch und schon vor dem Dreißigjährigen Krieg Teil der Protestantischen Union.“ Das habe dazu geführt, dass die Stadt damals immer wieder, und zwar abwechselnd, besetzt war: zunächst durch die kaiserlichen Truppen. „1631 kam dann aber König Gustav Adolf aus Schweden in die Stadt. Er fand es ganz toll, mitten in diesem katholischen Mainfranken eine protestantische Enklave vorzufinden.“

Schweinfurt, unterstreicht Martina Barth, sei ja „wie eine Insel im Hochstift Würzburg“ gewesen. „Ich vergleiche das ganz gern mit dem unbeugsamen Dorf von Asterix“, sagt die Gästeführerin schmunzelnd. Gustav Adolf habe dann auch alles getan, um diese protestantische Bastion zu stärken, und zum Beispiel die Stadtmauer und die Befestigungsanlagen ausgebaut, die Schweinfurter mussten allerdings selbst kräftig mithelfen. Unter Gustav Adolfs Schutz ging es den Schweinfurtern gut. „Die Stadt wurde von Abgaben entlastet und die schwedischen Truppen versorgten sich aus katholischen Ortschaften“, schreibt der profunde Kenner der Schweinfurter Geschichte, Peter Hofmann. Obendrein schenkte der schwedische Herrscher der Stadt drei Klosterhöfe und zahlreiche katholische Ortschaften. Doch dann ging es bergab für die Schweden in Bayern: „Sie kamen einfach nicht gegen Wallensteins Truppen an, und als Gustav Adolf am 6. November 1632 in Lützen fiel, hatte die Stadt einen entscheidenden Fürsprecher verloren“, sagt Martina Barth. Da half es auch nichts, dass die Schweden bis auf den schmerzlichen Verlust ihres Königs siegreich aus der Schlacht hervorgingen: Als die Kaiserlichen vor Schweinfurt standen – das war Ende September 1634 – wollten die 500 schwedischen Soldaten, die noch in der Stadt stationiert waren, sich zwar ebenso wenig ergeben wie die Bevölkerung, die „bis zum letzten Blutstropfen“ zu kämpfen gedachte. Aber letztendlich, nach ständigem Kanonenbeschuss und dem Aufmarsch von 6.000 feindlichen Soldaten, blieb ihnen, als dann auch noch die schwedischen Soldaten aus der Stadt geflohen waren, nur die Übergabe.

Nun zogen die Kaiserlichen ein. Die folgende Zeit war nach Hofmann „eine der schlimmsten Zeiten der Geschichte, die nur noch durch die großen Stadtverderben übertroffen wurde". In den Häusern wurden Kaiserliche einquartiert, die verpflegt werden wollten – und das gut – und die sich ansonsten einfach nahmen, was ihnen ihrer Ansicht nach zustand. Das und hohe Kontributionszahlungen führten dazu, dass die Bevölkerung immer mehr verarmte. Caspar Schamroth schreibt dazu in seiner *Chronik*: „Ich selbst habe damals für 85 Gulden Silbergeschmeide, so meinen lieben Eltern selig und mir lieb gewesen aufs Rathaus getragen und noch 64 Gulden bares Geld zur vierfachen Steuer für mich und meine Mutter bezahlen müssen."

Martina Barth kennt sich mit der Geschichte des Dreißigjährigen Kriegs in Schweinfurt bestens aus.

Dann brach auch noch eine pestartige Epidemie aus. Schamroth: „Dazumal bin ich sehr ins Elend geraten. Anfänglich starben mir meine zwei Dienstmägde, mein Schwager, meine Mutter, mein Söhnlein und schließlich auch meine Frau, dass mir nichts übrig blieb als mein kleines Söhnlein, ein unbarmherziger Landsknecht mit seinem Diener, ein Knecht und eine Magd, die aber beide durchtriebene Menschen waren." Als Schutz vor Ansteckung versuchten die Schweinfurter sich zu helfen, indem sie warmes Brot auf die Toten legten und Zwiebeln aufhängten. Man ging davon aus, beides ziehe das Gift, an dem die Menschen erkranken, aus der Luft.

Auch ansonsten hatten die Schweinfurter in jenen Jahren wenig Freude: Feste waren verboten, Mahlzeiten durften nur ein Mal am Tag eingenommen und keine Kuchen gebacken werden. Zwar zog diese kaiserliche Besatzung im

Juni 1635 ab, „aber nun folgten andere Kaiserliche, unter denen die Bevölkerung nicht weniger zu leiden hatte", erklärt die gebürtige Schweinfurterin. Und weiter: „In den folgenden Jahren wechselten die Besatzungen Schweinfurts immer wieder. Das ging so bis 1647, als die Schweden unter Carl Gustav Wrangel Schweinfurt belagerten." Dabei sei es auch zu starkem Kanonenbeschuss gekommen. „Die Kanonenkugeln durchlöcherten das Obertor, eines der vier Stadttore, und richteten auch ansonsten, insbesondere im nördlichen Teil der Stadt, Schaden an", sagt Martina Barth. Von ebenjener Belagerung seien die Kanonenkugeln am Zeughaus übrig geblieben. „Sie blieben aber nicht von der Belagerung stecken, sondern wurden erst nachträglich dort angebracht", stellt die Gästeführerin klar.

Wenn der Beschuss für die Schweinfurter auch sicherlich ein traumatisches Ereignis war, so war es doch der Beginn einer besseren Zeit: Unter den Schweden, die am 25. April 1647 in die Stadt einzogen, ging es ihnen viel besser. Denn während alle Schweinfurter von der kaiserlichen Besatzung entwaffnet wurden und nicht mal ein Brotmesser behalten durften, verzichteten die Schweden bei der Einnahme der Stadt auf die üblichen Zahlungen von 4.000 Gulden und verlangten stattdessen nur einen Trunk Wein. Peter Hofmann schreibt: „Wrangel und sein Kommandant Steinecker erwiesen sich als wahre Freunde Schweinfurts und letzterer ließ sogar einmal wöchentlich Schüler des Gymnasiums, das wieder gefördert wurde, kostenlos speisen. Auch achtete Wrangel darauf, dass die Stadt nicht mehr mit hohen Abgaben belastet wurde." Ein gutes Jahr später war der Krieg nach 30 Jahren endgültig vorbei. Und die Schweinfurter haben kräftig gefeiert.

Eva-Maria Bast

So geht's zu den Kanonenkugeln:

Sie finden sich in der Fassade des Zeughauses. Dieses steht in der Stadtmitte am gleichnamigen Platz.

13

Basteireste

Ein Überbleibsel mit uralter Geschichte

Mühltor, Neutor, Fischertor, Brückentor, Obertor, Spitaltor: Einzig Straßennamen erinnern noch an die im 13. Jahrhundert erbauten, aber ab Mitte des 19. Jahrhunderts abgebrochenen Stadttore. Den Altvorderen war die Stadterweiterung einfach wichtiger. Der Zweite Weltkrieg riss weitere Schneisen ins Alt-Schweinfurt, das in den 1950er- und 1960er-Jahren – dem damaligen Zeitgeist folgend – noch mehr an historischer Substanz verlor.

„Ein Umdenken hat sich erst ab den 1970ern ausgewirkt", sagt Stadtführerin Karla Wiedorfer. Was damals von der Altstadt und von der früheren Befestigungsanlage noch übrig war, ist längst saniert, restauriert und teils wiederaufgebaut worden. Als Beispiele nennt sie den Oberen und Unteren Wall (siehe Geheimnis 47) im Osten und den Bereich Alter Friedhof (siehe Geheimnis 04), wo viel altes Schweinfurt – zur Freude auch der Besucher der Stadt – wieder belebt wurde. „Für ein anderes gehöriges Stück Schweinfurter Geschichte gilt das leider nicht", bedauert Karla Wiedorfer. Sie meint die letzten Reste der Bastei gleich neben der Heilig-Geist-Kirche, die auch deshalb kaum einer beachtet, weil man dort Uralt-Schweinfurt wegen der an dieser Stelle entstandenen Nachkriegsbauten gar nicht vermutet.

„Ein Umdenken hat sich erst ab den 1970ern ausgewirkt."

Aber der Reihe nach und zunächst die Geschichte: Das Spitaltor stand dereinst zwischen der katholischen Kirche und dem früheren Steinwegschulhaus, der heutigen Musikschule. Die Vorgängerkirche von Heilig-Geist hieß deshalb einst Spitalkirche, die Schultesstraße Steinweg. Die mächtige Spitaltoranlage mit Bastei war nach dem Ende des Dreißigjährigen Kriegs (1618-1648) von der schwedischen Besatzung – wie die gesamte Stadtbefestigung – erneuert und ausgebaut

Karla Wiedorfer steht vor den Überbleibseln der Bastei.

worden. Bis ins späte 19.Jahrhundert hat sie hier zwischen Heilig-Geist-Kirche und dem Alten Friedhof die Stadt begrenzt.

Um die neuen Industrieanlagen im Westen der Stadt zu erschließen, hatten die Schweinfurter selbst damals den Stadtgraben zugeschüttet und Spitaltor, -Turm und -Brücke „geschliffen". Auch die größten Teile der Bastei fielen schrittweise dem Straßenausbau zum Opfer. Nur ein Teilstück der mächtigen alten Basteimauer und die daran anschließende Stadtmauer mit dem Schalenturm erstreckte sich noch bis in die 1960er-Jahre von der Heilig-Geist-Kirche in Richtung Rüfferstraße/Jägersbrunnen.

Karla Wiedorfer zeigt Bilder aus diesen Jahren: Darauf sieht man eine fast romantisch wirkende Ansicht der etwas ramponierten alten Stadtmauer mit Turm, Buschwerk und Bäumen. „Sie hätte wie viele Teile unserer alten Stadtmauer wieder in altem Glanz erstehen können und würde sich noch heute dort befinden, wenn der Stadtrat nicht in geheimer Sitzung anders entschieden hätte", sagt die geschichtsfeste Gästeführerin.

Damals hatte der Stadtrat das Baugesuch der Helmut-Horten GmbH genehmigt, die „auf dem Gelände der ehemaligen Barthels Villa ein Kaufhaus bauen will", zitiert Karla Wiedorfer aus einem Bericht des *Schweinfurter Tagblatts* vom 4. Oktober 1963. Ursprünglich hatte Horten laut Zeitungsbericht die „Errichtung eines fünfgeschossigen, riesigen Kaufhausklotzes" geplant. Das lehnte der Stadtrat, weil „städtebaulich untragbar", jedoch ab. Einer kleineren Kaufhausversion wurde nach manchen Kämpfen aber zugestimmt, ebenso wie später dem Baugesuch der Firma C&A. Der Abbruch von Turm und Stadtmauer konnte „nicht unterbunden werden, weil diese Bauten nicht unter Denkmalschutz stehen", schrieb das *Tagblatt*.

„Sie hätte wie viele Teile unserer alten Stadtmauer wieder in altem Glanz erstehen können und würde sich noch dort befinden."

Mauer und Schalenturm mussten weichen, „ein Frevel und aus heutiger Sicht nicht mehr nachvollziehbar", meint Karla Wiedorfer: „Das ist bei vielen Schweinfurtern bis heute nicht in Vergessenheit geraten." Einzig der kleine Basteimauerrest ist tatsächlich das letzte sichtbare Überbleibsel der ehemaligen Spitaltoranlage. Er fällt kaum auf, weil man in der Zufahrt zu einer nichtöffentlichen Tiefgarage unter dem Kaufhaus nun mal nichts Historisches vermutet. Horten öffnete am 29. Oktober 1964 seine Pforten. Obwohl das Kaufhaus schon lange den Namen Galeria Kaufhof trägt, ist es für die Schweinfurter „der Horten" geblieben.

Der Garten neben den Basteiresten gehört zum Pfarrhaus Heilig-Geist und nennt sich „Schanze", wie der Schweinfurt-Kenner Peter Hofmann zu ergänzen weiß. Vom mutmaßlich 700 Jahre alten Gewölbekeller des Vorvorgängerbaus führte ein unterirdischer Gang zum Turm, der ja Horten weichen musste. Der Turm war einst Vereinstreff der Neudeutschen Jugend, einer katholischen Jungmännervereinigung, die sich fast ausschließlich aus Gymnasiasten zusammensetzte.

Nur Insidern dürfte bekannt sein, dass nach der Machtergreifung durch die Nazis oft die Hitlerjugend diesen Turm belagerte. „Wenn es brenzlig wurde, flüchtete man durch den unterirdischen Gang ins Pfarrhaus", schildert Peter Hofmann. Kurz vor dem Verbot der Jugendorganisationen, Ausnahme war natürlich die Hitler-Jugend, wurde der Vereinsraum verwüstet und in Brand gesteckt. Unter der Schanze waren im Zweiten Weltkrieg Luftschutzstollen eingebaut worden. 2007 wurde dann gegenüber das Domizil fürs *Schweinfurter Tagblatt* gebaut. Im Untergrund fanden sich große Teile der Spitaltorbrücke. Ihr guter Zustand überraschte und sorgte dafür, dass die Brücke freigelegt wurde und heute zugänglich ist.

Hannes Helferich

So geht's zu den Basteiresten:

Vom Marktplatz bis zur Heilig-Geist-Kirche gehen und zehn Meter weiter bis zur Abfahrt in eine Tiefgarage.

30
ZONE

14

Treppe

Im Notfall durch die Rohre

Was eine Treppe ist, weiß jedes Kind, manchmal noch, bevor es laufen kann: Dann erklimmt es eben mit Ärmchen und Beinchen gleichzeitig eine Stufe nach der anderen, um: genau. Um eine Höhe zu überwinden, um von einem Stockwerk ins andere zu kommen. In Schweinfurt gibt es aber eine Treppe, die mitten in einer Wiese beginnt und nach unten führt. Da unten ist aber nichts. Außer einer Tür. Und deshalb überwindet die Treppe zwar schon eine Höhe und folgt so ihrer Definition, einen wirklichen Sinn lässt sie aber nicht erkennen. Noch merkwürdiger wird das Ganze angesichts des Schildes, das am Rand der Wiese aufgestellt ist. Dort steht nämlich geschrieben: *Für dieses Grundstück besteht wegen eines darunterliegenden Kellers Einsturzgefahr! Parken und Befahren nicht gestattet. Betreten auf eigene Gefahr. Stadt Schweinfurt.* Ein Keller unter einer Wiese also. Interessant.

Einer, der weiß, wohin die Treppe führt und was sie mit dem Gebäude auf der anderen Straßenseite zu tun hat, ist der Eigentümer ebenjenes Gebäudes, in dem das Deutsche Bunkermuseum beheimatet ist, Nils Brennecke. „Unser Bunker ist einer von den einst zehn öffentlichen Hochbunkern, die es einmal in Schweinfurt gab", sagt Brennecke, „dazu kamen noch drei Werksbunker." 2014 kaufte Brennecke dem Staat den Bunker ab. Eigentlich war er lediglich als Sockel für ein Penthouse gedacht, das der Marketingmanager obendrauf errichten wollte.

Doch es kam anders, wie so oft im Leben, und es war der Beginn einer Leidenschaft. „Da hast du doch Geschichte gekauft, da musst du mehr draus machen", sagten die Menschen in Brenneckes Umfeld. Und der fackelte nicht lange: Er machte mehr draus. Sehr viel mehr. Griff tief in die eigene Tasche und richtete in dem geschichtsträchtigen Gebäude die größte Ausstellung Deutschlands für „Luft- und Zivilschutz während des Zweiten Weltkriegs und des Kalten Kriegs" ein.

Nils Brennecke vor dem geheimnisvollen Treppeneingang. Im Hintergrund ist der Bunker zu sehen.

Seither ist er viel in der Bundesrepublik unterwegs, um immer neue Ausstellungsstücke zusammenzutragen. Und um immer mehr Geschichten zu finden, die sich in ebenjenem Bunker abspielten. Das war Brennecke dann am Ende wichtiger als das Penthouse aus Glas. Denn ihm wurde klar: „Bunker sind positive Gebäude. Sie retten Leben." Und manchmal beginnen in ihnen auch Leben. Das von Dieter Horn zum Beispiel, der am 17. August 1943 im zweiten Stock des 1941 errichteten Bunkers das Licht der Welt erblickte. Ein Hoffnungsschimmer an diesem schrecklichen Tag, an dem der erste von insgesamt 22 Angriffen auf Schweinfurt geflogen wurde und 276 Menschen starben. „Die Stadt war durch die Kugellagerindustrie sehr gefährdet – nach der Waffenindustrie das zweitrelevanteste Ziel der Alliierten. Sie wollten den Feind, also Deutschland, zum Stehen bringen. Und wenn Panzer keine Kugellager mehr haben, ist dieses Ziel erreicht", erklärt Nils Brennecke. Fast zur Hälfte sei Schweinfurt zerstört worden, rund 2.000 Zivilisten durch die Bombenangriffe ums Leben gekommen. Und Dieter Horn eben, wurde im Kugelhagel geboren:

Die Treppe führt zu einem geheimnisvollen Eingang.

Als der Alarm am Nachmittag des 17. August beginnt, merkt seine Mutter, die Flakhelferin Lotte Horn, dass die Geburt naht. Gerechnet hat sie damit ohnehin schon, und ihr Mann Hugo hat für das große Ereignis sogar Heimaturlaub bekommen. Doch im Gegensatz zu seiner Frau schafft er es nicht mehr in den Bunker, sondern harrt in einer Unterführung aus. Erst als der Angriff vorbei ist, kann er zu seiner Frau eilen, die inzwischen im Bunker entbunden hat. Dort kann er seinen neugeborenen Sohn das erste Mal in die Arme schließen.

Bis kurz vor seinem zweiten Geburtstag muss Dieter Horn noch 21 weitere Bombenangriffe überstehen, den letzten am 11. April 1945. Dann ist der Krieg in Schweinfurt zu Ende.

Für Dieter Horn beginnt ein normales Leben, das ihn später noch einmal in den Bunker in der Ernst-Sachs-Straße führen wird: Inzwischen ist er Elektrotechniker und muss dort Leitungen verlegen. Zufällig lernen er und Nils Brennecke sich Jahre später kennen, und Horn kommt wieder in den Bunker. „Diese Begegnung war für mich einer der bewegendsten Momente", sagt Brennecke.

Was die Treppe auf der Nachbarwiese aber mit dem Bunker zu tun hat, hat Brennecke noch nicht verraten. Die Antwort lässt sich jedoch erahnen: Es handelt sich um einen Fluchtweg aus dem Bunker. Unterirdisch verlaufen drei große Röhren. Aus dem Bunker hätte man durch eine Verbindung unter der Straße dorthin flüchten können, wenn der etwa durch Schutt vor den beiden Türen sich nicht mehr von innen hätte öffnen lassen. „3.000 Bunker gab es damals in Deutschland, 500 haben sie im Kalten Krieg wieder nutzbar gemacht. 500 Bunker bei damals 50 Millionen Deutschen, da sieht man den Irrwitz." Faszinierend sind aber die Details: „Ganz oben im Bunker befinden sich 150 Tonnen Basaltsand, durch den die heiße Außenluft nach einem Atomschlag gesaugt worden wäre. Der Sand sollte die Luft kühlen, bevor sie durch die Lüftungsanlage ins Innere geblasen worden wäre", erklärt Brennecke.

Zum Glück kam der Sand nie zum Einsatz. Und so lagert er immer noch weit oben im Bunker in gut 20 Metern Höhe, wo Nils und seine Frau Petra Brennecke eigentlich ein Penthouse errichten wollten. Bis alles anders kam.

Eva-Maria Bast

So geht's zur Treppe:

Sie beginnt in einem Wiesenstück Ecke Ernst-Sachs-Straße / Karl-Schemmrich-Straße. Gegenüber befindet sich der Bunker.

Werk
Druck
Laboratorium für
Handſatz und
Verſuchsanſtalt
zur Bewahrung
des Buchdrucks
gena
zweifelsohne
Im Prinzip
wahnsinnig
SUPERGUT
relati
grundsätzlic
NATÜRLICH
genaugenomme
nachvollziehbar
normalerweiſe
prinzipiell
total
ICH SAG MAL
keine Ahnun
ſozuſagen
mega..
einigermaßen
alles klar
nichtsdestotrotz
ÜBELST
praktisc
unheimlich
VOLL KRASS
anundfürsich
MEHRODERWENIGER
letztendlich
echt witzig
eigentlich
schlussendlich
gewiſſermaße
HOCHSPANNEN
jedenfalls
Alles gut?
IRGENDWIE
SELBSTREDEN
Alles gu
ABC
DEFGHIJKLMNO
PQRSTUVWXYZ
Memphis
abcdefghijklmnopqr
stuvwxyz&æßœ
1234567890

15

Buchstabenfenster

Im WerkDruck wird eine alte Kunst erhalten

Die Schwarze Kunst bezeichnete zweierlei: Zum einen die Magie, zum anderen mit einer Farbe aus Ruß und Leinöl sowie mit Lettern aus Blei einen Druck aufs Papier zu zaubern. Zwar ist es für den Laien nicht minder geheimnisvoll, wie heutzutage die Schrift aus dem Computer in die Zeitung gelangt, doch wer denkt darüber schon tiefer nach? In einer etwas versteckt liegenden Werkstatt am Main könnte, wer Lust hat, mehr erfahren – zumindest was das alte, seit über 550 Jahren bekannte Druckverfahren betrifft.

Ein Fenster mit großen und kleinen Buchstaben und allerlei Schriften, der *Memphis* etwa mit ihrem streng geometrischen Aufbau, macht auf „WerkDruck" aufmerksam. Auch ein Spruch des Philosophen und Schriftstellers Georg Christoph Lichtenberg (1742-1799) über dem Eingang in die kleine Werkstatt fällt sofort ins Auge: „*Mehr als das Gold hat das Blei die Welt verändert. Und mehr als das Blei in der Flinte, das im Setzkasten.*" Wertvoller als Blei ist Gold allemal. Und dass Geld, Gold, Gier die Welt verändert haben, ist ebenso einsichtig. Aber das Blei? Allzulange ist es noch nicht her und doch schon fast vergessen, dass die Schrift eben nicht aus dem Computer kam. Sie wurde in Blei gegossen und im sogenannten Buchdruckverfahren gedruckt. Dass Bücher und Schrift die Welt verändert haben, steht wohl außer Frage.

Das Handwerk, das sich mit Bleilettern und nachfolgend dem Druck auf Handpressen beschäftigt, das ist nicht mehr, zumindest nicht rentabel. Das Gold hat also wieder die Oberhand. Doch ganz vereinzelt gibt es sie noch, diese „Winckeldruckereyen". Das Wort bezieht sich auf die damaligen Raubdrucker oder illegalen Flugschriften-Hersteller. In dieser Tradition sieht sich auch der Prinzipal dieser Offizin, also der Chef der Druckwerkstatt. Werner Enke will im WerkDruck zeigen, dass „es erhaltenswertes Kulturgut ist, das sich über

WerkDruck im Untergeschoss der Disharmonie birgt viele geschriebene und gedruckte Geheimnisse.

einige Jahrzehnte angesammelt hat". Freilich sammelt sich das nicht ganz leicht, denn die Werkzeuge und Maschinen wiegen schon etwas mehr als ein heutiger sogenannter „Drucker". „Doch es ist alles begreifbar und das soll es auch sein", sagt Werner Enke.

Anders als das benachbarte „Kleine Industriemuseum" in der Spinnmühle versteht sich WerkDruck nicht als Museum. Hier wird nämlich wirklich noch produziert, allerdings nicht für Gold und Geld, um den Faden noch einmal aufzugreifen, sondern zur Freude und zum Genuss. Denn mittlerweile ist die mögliche Tätigkeit im WerkDruck für viele ein Ausgleich zum Vor-dem-Bildschirm-Sitzen. Hier hat man einen Setzkasten mit seinen 125 Fächern vor sich und muss Buchstabe für Buchstabe herausfischen. Ein Buchstabe in einem falschen Fach heißt auch wirklich „Fisch".

Überhaupt hat das Setzer- und Druckerhandwerk eine eigene Sprache, und die Bezeichnungen für die Schriftgrößen und Zwischenräume oder das Handwerkszeug klingen oft mysteriös. Da gibt es den Winkelhaken, das Viertelpetit, die Konkordanz oder das Gautschen.

WerkDruck residiert seit 2004 in den Parterre-Räumen der Disharmonie. Konzipiert ist die Werkstatt in der Kulturwerkstatt als Mitmach-Angebot. Dass man sich dazu auf etwas altes Neues einlassen muss und ein gewisses Durchhaltevermögen braucht, schreckt die Interessierten nicht ab. Mittlerweile tummeln sich schon einige regelmäßig, andere seltener in WerkDruck, aber sie alle sorgen für Anwendung und damit Erhaltung dieses Kulturgutes. Seit 2016 gibt es die „Kalendarier-Gruppe" und außer dem mithelfenden Willy Denzer, einem altgedienten früheren Druckereibesitzer und Setzermeister aus Gochsheim, stehen nur Laien am Setzkasten und an der Abziehpresse.

Werner Enke hat zum Erhalt der Satz- und Druckkunst WerkDruck geschaffen.

Falls nicht gerade die Tür offen steht und der Neugierige durchs Buchstaben- oder andere Fenster ins Innere blickt, ist an der Stirnwand der Werkstatt eine Art Zunftfahne mit der Aufschrift *Týpographia Schweinfurt* zu erkennen. Dies nun ist selbst für Werner Enke ein Rätsel, obwohl er als Schweizerdegen – das ist einer, der beide Berufe erlernt hat, den des Schriftsetzers und des Buchdruckers – die Geheimnisse der Schwarzen Kunst doch einigermaßen kennt.

Bei einem Johannisfest, das seit einigen Jahren wieder zu Ehren des Erfinders des Buchdrucks, Johannes Gensfleisch, genannt Gutenberg (1400-1468), im Juni gefeiert wird, vermachte die Witwe eines Druckers eben dieses Objekt der Werkstatt, wo die Zunftfahne nun einen Ehrenplatz hat. Wer sie einstmals geschwungen und was diese *Týpographia Schweinfurt* so getrieben hat, ist bisher nicht bekannt.

Was sich im Innern noch so alles befindet, verwirrt anfänglich die Sinne, denn wo kein Satzmaterial oder eine Maschine steht, hängen Drucksachen und selbst auf den Wänden stehen Sprüche. Etwa der: *Des Daseins eigentlichen Anfang macht die Schrift.* Oder dieser: *Das größeste ist das Alphabet, / denn alle Weisheit steckt darin. / Aber nur der erkennt den Sinn, / der's recht zusammenzusetzen versteht.* Die Zitate stammen von dem griechischen Philosophen Heraklit von Ephesos (520-460 v. Chr.) und dem deutschen Lyriker Emanuel Geibel (1815-1884).

So merkt man bei längerem Aufenthalt im WerkDruck, dass hier nicht „normale" Werbedrucksachen oder Flyer hergestellt werden, der „Untertitel" von WerkDruck verrät es: „Laboratorium für Handsatz und Versuchsanstalt zur Erhaltung des Buchdrucks". Und dazu passt ein weiterer Sinnspruch des amerikanischen Schriftstellers Henry Thoreau (1817-1862) an einer Wand: *Es genügt nicht, hart zu arbeiten – überlege, woran arbeitest du?*

Hannes Helferich

So geht's zum Buchstabenfenster:

Vom Marktplatz hinunter zum Main und in den Hof vor der Disharmonie, Gutermann-Promenade 7.

WAS MACHT DIE EULE
DENN ALLHIER?
FRAG SIE DARUM,
SIE SAGT ES DIR.

16

Wappen

Die Eule, die eigentlich ein Adler war

WAS MACHT DIE EULE DENN ALLHIER? FRAG SIE DARUM, SIE SAGT ES DIR. Sprechen kann sie leider nicht, trotzdem hat die Eule, die eigentlich ein Adler ist, viel zu erzählen. „Wir stehen hier an dem Ort, wo früher mal das Mühltor stand", erzählt die Schweinfurterin Karin Fuchs. Von dem einst als so prächtig beschriebenen Stadttor ist nichts mehr erhalten. Aber an dem dort erbauten Haus in der Rückertstraße 27, am zum Oberen Wall führenden Treppenaufgang, erzählt ein Wappen mit einer geheimnisvollen Eule darauf eine besondere Geschichte.

„Das Wappen haben wir schon als Kinder mit der Schulklasse besucht, und man hat uns erzählt, es sei das Original-Wappen vom Mühltor, aber das stimmt so leider nicht", sagt Fuchs. Dieses ist nur aufgemalt, „das tatsächliche Wappen vom Schweinfurter Mühltor gibt es zwar noch, es hängt allerdings im Alten Rathaus".

Obwohl das Wappen eigentlich ein einköpfiger Adler als Zeichen der Reichsstadt ziert, ist bis heute von einer Eule die Rede. Warum? Das lasse sich mit der komischen Perspektive erklären, in der dieser Adler dargestellt ist, „die mehr an eine Eule erinnert als an den stolzen Adler", sagt Fuchs. Dies sei auch immer wieder spöttisch von den Schweinfurtern aufgegriffen worden.

Zudem monierten sie, dass nach Abbruch des Mühltores die dort angebrachte Uhr fehlte: Denn der 12-Uhr-Glockenschlag der Stadt galt als Wahrzeichen der Reichsstadt, bis 1803 schlug es um 12 Uhr insgesamt 100 Mal auf den Turmuhren der Stadt, die Mühltoruhr davon zwölfmal, weiß Karin Fuchs zu berichten.
Hubert Gutermann beschrieb es in seinem Büchlein *Alt Schweinfurt* wie folgt: „Im Jahre 1876 haben die Schweinfurter ihr schönes Mühltor als Verkehrshindernis mit großer Mühe beseitigt. Bald empfanden die Anwohner dort das Ausbleiben des trauten Turmuhrschlags als Mangel." Als nun das Haus in der damaligen Mainberger Straße 1 fertig-

Eule oder Adler? Das fragen sich die Schweinfurter bis heute.

gestellt war, hofften die Einheimischen, dass in die Nische auf der Westseite des Gebäudes eine Uhr eingebaut würde. „Bald zeigte sich in der Nische die Eule, das älteste Schweinfurter Wappen, welches als Steinbild im Durchgang des Mühltores eingemauert war", heißt in dem Büchlein weiter.

Karin Fuchs lacht: „Die Schweinfurter wollten kein Wappen, sondern ihre Uhr zurück. Zu dieser Zeit auch verständlich, denn nicht jeder verfügte damals über eine eigene Uhr." Die Enttäuschung war so groß, dass Wilhelm Sattler, ein Nachkomme des berühmten Schweinfurter Industriellen, in humorvoller Weise ein Gedicht in Mundart dazu verfasste: „In Schweinfurt steht ein großes Haus / gebaut mit Stolz und viel Applaus / In einem nagelneuen Stil / Vom Apotheker Dr. Thiel", heißt es da.

Wie Fuchs berichtet, stammte Thiel aus Kassel und hatte in Schweinfurt seine Apotheke in der Rückertstraße 12 aufgebaut. Später wechselte er mit der „Adler-Apotheke" – auch hier wieder der Bezug zum Wappen –, die heute noch von seinen Nachfahren betrieben wird, an den Marktplatz.

Im Haus mit dem Eulenwappen in der Rückertstraße 27, das Thiel aber nie selbst bewohnt hat, erinnern hohe, mit Stuck verzierte Decken, robuste Steinwände und ein Deckengemälde des Mühltores im Treppenaufgang an die vergangene Zeit.

„Eine Uhr gibt es hier bis heute nicht", zeigt sich Fuchs amüsiert und zitiert noch eine weitere Stelle des Gedichts *Die Uhr muß har*, in der es heißt: „Sie hören, seit das Tor ist weg / Nur selten ein paar Glockenschläg / Doch seht, anstatt der Uhr zeigt sich / Der Eule grämliches Gesicht."

Katja Glatzer

So geht's zum Wappen:

Vom Marktplatz geht es die Rückertstraße entlang bis zum Haus Nummer 27. Dort führt ein Treppenaufgang nach links hoch in Richtung Oberer Wall. Beim Blick auf die seitliche Hauswand sieht man die Eule.

Peter Hofmann hat sich ausführlich mit der Geschichte der Schweinfurter Straßenbahn beschäftigt.

17

Gasthaus Straßenbahn

Als die Hufe klapperten

„Das war revolutionär“, sagt der geschichtskundige Schweinfurter Peter Hofmann und muss ein bisschen schmunzeln. Schmunzeln deshalb, weil er es vor dem geistigen Auge regelrecht vor sich sieht. All die Aufregung. All die Begeisterung. Beides galt den Pferden, die mit klappernden Hufen durch die Stadt schritten – und eine Straßenbahn auf Schienen zogen. „Schweinfurt hatte die erste kommunale Straßenbahn in Bayern“, sagt der Buchautor. „Das war wirklich ein Hit. Anfangs kamen die Leute sogar aus dem Umland nach Schweinfurt – nicht etwa, weil sie etwas zu erledigen hatten, sondern nur, um einmal mit der Straßenbahn zu fahren." Heute erinnert noch der Schriftzug *Gaststätte Straßenbahn* an einem Gebäude in der Rückertstraße in der Innenstadt an diese abenteuerlichen Zeiten.

Eröffnet wurde die Straßenbahn in Schweinfurt am 5. Mai 1895: 30 Mal am Tag zogen die Pferde den Personenwagen zwischen dem Mühltor und dem heutigen Hauptbahnhof hin und her und überbrückten damit etwa zwei Kilometer. Peter Hofmann wäre nicht Peter Hofmann, wenn er den Verlauf der Straßenbahn nicht genauestens recherchiert hätte: „Die Trasse führte vom Bahnhof durch die Hauptbahnhofstraße, den Steinweg – heute Schultesstraße –, die Spitalstraße, den Marktplatz bis in die Rückertstraße und endete am Gaswerk außerhalb der Stadtbefestigung in der Nähe des schon damals nicht mehr existenten Mühltores, wo eine Wagenhalle mit zwei Gleisen und der Pferdestall mit sechs Boxen stand." Das alte Kutscher-Haus der Schweinfurter Pferdestraßenbahn gibt es noch heute, es gehört der Studentenverbindung Moneo Ripuaria.

Wie überall in Deutschland brachte der Erste Weltkrieg auch für die Schweinfurter Straßenbahn Probleme mit sich – es mangelte an Material und auch an Personal. In zahlreichen anderen Städten waren die Straßenbahnen im Ersten Weltkrieg bereits elektrifiziert, dazu kam es aber in Schweinfurt nie, was sich während der Kriegszeiten als Vorteil erwies. Dadurch war der Materialmangel nicht so eklatant wie in anderen Gebieten. Und hinsichtlich der Personalknappheit halfen die Damen aus. Eine von ihnen, genauer gesagt, die letzte, war Babette Stegner. „Sie war zunächst vor dem Ersten Weltkrieg bei einer Familie Ballinger als Kindermädchen und Verkäuferin tätig. Während des Ersten Weltkriegs wurde sie dann als Pferdebahnschaffnerin in Schweinfurt dienstverpflichtet und verrichtete diese Aufgabe stetig bis zur Einstellung der Bahn", hat Peter Hofmann herausgefunden. „Zu ihrem 70. Geburtstag gab sie ein Interview, in dem sie sagte, dass die Zeit bei der Straßenbahn die schönste in ihrem Leben gewesen sei und dass sie fast täglich Blumen bekommen habe",

„Während des Ersten Weltkriegs wurde sie dann als Pferdebahnschaffnerin in Schweinfurt dienstverpflichtet und verrichtete diese Aufgabe stetig bis zur Einstellung der Bahn."

berichtet Hofmann und zitiert das *Schweinfurter Tagblatt*, dem Babette Stegner sagte, dass sie die Blumen „auch von Regierungsräten und anderen hohen Herren, die damals noch keine Autos besaßen und somit die Schweinfurter Straßenbahn gerne nutzten“ bekommen habe. „Frau Stegner war bis zum Ende der Pferdebahn eine sehr zuverlässige und beliebte Schaffnerin“, bescheinigt ihr Hofmann. „Mit der Einstellung der Bahn ging ein sehr schönes Kapitel in ihrem Leben zu Ende.“

„Frau Stegner war bis zum Ende der Pferdebahn eine sehr zuverlässige und beliebte Schaffnerin. Mit der Einstellung der Bahn ging ein sehr schönes Kapitel in ihrem Leben zu Ende.“

Denn knapp 26 Jahre nach der Eröffnung war es mit der Straßenbahn in Schweinfurt 1921 auch schon wieder vorbei. „Krisenzeiten“, nennt Hofmann als Begründung und spielt damit auf die nach Ende des Ersten Weltkriegs beginnende Inflation an. Am 31. Januar 1921 zogen zum letzten Mal Pferde die Wagen der Straßenbahn durch die Stadt. Es folgten vier Jahre, in denen die Schweinfurter auf öffentliche Verkehrsmittel verzichten mussten, dann, am 11. Februar 1925, kam der Omnibus in die Stadt – zunächst nur als privates Unternehmen, ab 1. Juli 1927 war er in städtischer Hand.

Davon, dass einmal eine Straßenbahn mit echten PS durch Schweinfurt fuhr, ist heute kaum noch etwas zu sehen. Etwa 1960 verschwanden auch die letzten Schienenreste in der Rückertstraße. Nur der Schriftzug erinnert hier noch daran, dass die Schweinfurter einst von echten Pferden durch ihre Stadt transportiert wurden.

Eva-Maria Bast

So geht’s zum Gasthaus Straßenbahn:

Es steht in der Rückertstraße 14.

18

Kellerfenster

Das kurze Leben der Zofia Malczyk

Z1. März 1945, ein Mittwoch. Das Wetter ist an diesem Nachmittag frühlingshaft. Viele Menschen sind deshalb draußen, arbeiten in ihren Gärten. Obwohl es das sechste Kriegsjahr ist, liegt Hoffnung in der Luft, Hoffnung auf das baldige Kriegsende. Doch für Zofia Malczyk ist es der letzte Tag ihres Lebens. Die polnische Zwangsarbeiterin wird nahe dem heutigen Krankenhaus Leopoldina von zwei Polizeibeamten – ohne Prozess oder Anklage – erschossen. Ihr tragischer Tod steht am Ende einer langen Leidensgeschichte, die auch mit dem am Main gelegenen Harmoniegebäude und seinen Kellerfenstern zu tun hat. „Hier befand sich in der Nazizeit die Polizeistation und im Keller war das Gefängnis untergebracht," berichtet Claudia Helldörfer. Zofia Malczyk war dort im Februar und März 1945 mehrere Tage wegen kleinerer Diebstähle, die die Nazis als Plünderung bewerteten, inhaftiert.

Zofia Malczyk, am 5. Mai 1926 in Raszyn bei Warschau geboren, kommt 1939, vielleicht auch erst 1940, nach Deutschland – freiwillig, wie sie später der Gestapo sagt. Weil ein Nachweis für ausgeübten Zwang fehlt, ist denkbar, dass es so war, wenngleich Polen besetzt war und es im Krieg führenden Deutschland bereits an Arbeitskräften fehlte. Zofia arbeitete wie zuhause in der Landwirtschaft, mutmaßlich im Raum Würzburg. Man muss sich vor Augen führen: Sie war 13, 14 Jahre jung, alleine in einem fremden Land und ohne Sprachkenntnisse.

Im Sommer 1942 wird sie, jetzt 16, schwanger. „Man schickte sie deswegen zurück nach Polen, wo sie ihr Kind zur Welt brachte", berichtet Claudia Helldörfer. Zofias späteren Angaben zufolge stirbt das Kind nach wenigen Monaten. Sie kehrt nach Deutschland zurück. Wieder muss offen bleiben, ob das wegen der wirtschaftlichen Verhältnisse zuhause „freiwillig" oder unter Zwang geschah. Nichterscheinen am Arbeitsplatz oder gar Weglaufen hatte gleichwohl Folgen.

Wie das im Juli 1943 der Fall war: Zofia verlässt die Arbeitsstelle

Claudia Helldörfer vor dem Harmoniehaus. Dort befand sich zur Nazizeit das Gefängnis.

in Margetshöchheim, die Gestapo wird eingeschaltet. „Sie war das zweite Mal schwanger, möglicherweise war das der Auslöser für diese und die weiteren Fluchten", sagt die Gästeführerin. Zofia wird gefasst, im September 1943 einem anderen „Arbeitgeber", wieder in Margetshöchheim, zugewiesen, von wo sie nach zehn Tagen erneut wegläuft.

Anfang November wird sie aufgegriffen, sie kommt in so genannte Erziehungshaft, wird Ende November entlassen, verlässt aber auch den nächsten Arbeitsplatz in einem Dorf im Raum Würzburg. „Die Lage der Fremdarbeiter war ja sehr unterschiedlich, und wie es ihnen ging, kam sehr auf die Familien an, bei denen sie untergebracht waren. Wahrscheinlich hat Zofia ziemlich Pech gehabt", merkt Claudia Helldörfer an. Laut einem Aktenvermerk der Gestapo lehnt Zofia eine ihr wohl nahegelegte Abtreibung ab. Zofia bringt das Kind zur Welt, sein Schicksal ist unbekannt.

Sprung ins Jahr 1945: Am 13. Februar zeigt ein Bürger beim Kriminalsekretär Jakob Ottmann in Schweinfurt den Einbruch in seine durch Bomben beschädigte Wohnung in der Bauschstraße an. Die Frau sei aber entkommen. Tage später wird in derselben Straße eine junge Frau erwischt, mit Gegenständen aus der Wohnung unterm Arm. Es ist Zofia Malczyk. Bei einer körperlichen Untersuchung auf der Polizeiwache wird ihre dritte Schwangerschaft festgestellt. Auf dem Weg zu einer Gegenüberstellung Tage später führt sie Ottmann ihrer dringenden Bitte entsprechend zur Toilette einer Gaststätte am Postplatz. Zofia flieht durchs Fenster, kommt aber nicht weit. Sie wird ins Gefängnis am Main gesteckt. Am 8. März findet die Überstellung nach Würzburg statt. Beim Bombenangriff am 16. März werden Würzburg und auch das dortige Gefängnis total zerstört. Zofia gelingt die Flucht, sie wird am 18. oder 19. März in Schweinfurt aufgegriffen und landet erneut im Keller der Schweinfurter Polizeiwache.

Die Kripobeamten sind auf Zofia längst nicht mehr gut zu sprechen. Man will sie aus dem Weg räumen. Angeblich gab es einen Befehl, wonach wegen der Zerstörung des Würzburger Gefängnisses die leichteren Fälle nach Bad Neustadt zu verbringen, die Kapitalverbrecher, zu denen man die junge Polin zählte, an Ort und Stelle „zu erledigen" seien. Kriminalsekretär Ottmann gibt im späteren Prozess an, für ihn sei klar gewesen, dass damit „töten" gemeint war.

Ottmann und der Kollege Ignaz Pokutta (39 und 34 Jahre alt) führen Zofia am 21. März 1945 aus der Stadt. Entlang des Mains marschieren sie in Richtung Krankenhaus, auf der Suche nach einem menschenleeren Ort für ihren schrecklichen Plan. Diesen Ort finden sie in der Gustav-Adolf-Straße. Ottmann zieht die Pistole und erschießt Zofia Malczyk. Die Tat bleibt lange ungesühnt, auch weil Täter und andere Beteiligte schweigen. Erst 1951 erzählt ein anderer früherer Polizist einem Stadtrat von der Sache. Der verständigt Oberbürgermeister Ignaz Schön, der Anzeige erstattet. Am Ende des Prozesses am Schwurgericht Schweinfurt werden am 6. März 1953 Jakob Ottmann zu zehn, Ignaz Pokutta zu sieben Monaten Gefängnis verurteilt – wegen Totschlags. Der Bundesgerichtshof Karlsruhe folgt der Meinung eines Schweinfurter Staatsanwalts, dass es auch Mord gewesen sein kann. Neuer Prozess. Ergebnis: Freispruch. Große Verblüffung.

Die Anklagebehörde geht wieder in Revision. Wieder stimmt Karlsruhe zu, eine Ohrfeige für die Schweinfurter Richter. Der nun dritte Prozess findet 1955 statt, jetzt am Schwurgericht Würzburg. Ottmann erhält nun drei Jahre, Pokutta ein Jahr Gefängnis, wieder wegen Totschlags. Kein Mord also. Das Urteil ist genau die Obergrenze für die Anwendung des im gleichen Jahr 1955 erlassenen Straffreiheitsgesetzes. Folge: Das Verfahren wird eingestellt, die Täter kommen ohne Strafe davon.

Für Claudia Helldörfer ein krasses Fehlurteil: „Ich habe die Geschichte schon so oft erzählt. Aber ich kann es nach wie vor nicht fassen, dass die Männer nicht für den Mord, den sie begangen haben, belangt wurden.“

Die Amerikaner marschieren 21 Tage nach dem Mord in Schweinfurt ein. An Zofia Malczyk erinnert seit 2007 ein Gedenkstein am Tatort mit der Inschrift: „Solches geschieht heute noch an vielen Orten der Welt. Lass dich anrühren! Nimm es nicht hin!“

Hannes Helferich

So geht's zu den Kellerfenstern:

Sie sind an den Treppen bei der Maxbrücke zu finden.

Kiliansberg
4a und 4b

19

Kiliansberg

Stadtgründung mit dem heiligen Kilian

Archäologische Funde und eine Urkunde von 791 belegen eine Siedlung Schweinfurt schon im 8. Jahrhundert. 1991 feierte die Stadt ihren Ursprungsort denn auch ganz groß. 1200 Jahre ist ja was. Dieses Suuinfurtero marcu (wahrscheinlich *seichte Furt*) lag allerdings – genauso wie die im 10. Jahrhundert von den Markgrafen von Schweinfurt errichtete Stammburg – hoch droben über dem Maintal auf der Peterstirn. Und damit um einiges entfernt vom eigentlichen Gebiet der Stadt, deren Gründung wiederum Kaiser Friedrich I. Barbarossa (1122-1190) zugeschrieben wird. Er ließ westlich des Marienbachs eine „civitas imperii" neu anlegen, der die ab 1230 urkundlich bezeugte reichsstädtische Zeit bis Anfang des 19. Jahrhunderts folgte.
Nach archäologischen Grabungen im Jahr 2017, ausgelöst durch Neubaupläne auf einem Grundstück am Kiliansberg, steht wegen der Funde ziemlich sicher fest: Eine erste dem heiligen Kilian geweihte Kirche – daher der Name Kiliansberg – existierte dort nicht wie bisher gedacht erst im 14. Jahrhundert, sondern wohl schon um das Jahr 1000. Die Gründung Schweinfurts auf heutigem Stadtgebiet erfolgte also früher und es gab dort nicht zwei, sondern drei Kirchen.

Auf einer neuerdings am Kiliansberg aufgestellten Tafel informiert die Stadt über diese kleine Sensation: „Verschiedene archäologische Funde und eine Urkunde von 791 belegen die Existenz einer Siedlung schon im 8. Jahrhundert. Nach dem Bau einer Kirche um 1000 nach Christus mehren sich die Quellen. Für deren Gründung durch das Würzburger Bistum spricht das Patronat: Die Pfarrkirche war dem heiligen Kilian geweiht – dem Würzburger Stadtpatron. Damit sind die Siedlung und die Kirche auf dem Kiliansberg deutlich älter als die Reichsstadt westlich des Marienbachs."

Fritz Schäfer, den die Geschichte seiner Heimatstadt schon immer beschäftigt, kommt als unmittelbarer Nachbar oft an diesem nun ja

Die erste Gründung auf dem heutigen Stadtgebiet war am Kiliansberg. Fritz Schäfer weiß um die Bedeutung des historischen Ortes.

besonderen historischen Ort vorbei. Dass die Stadt „jetzt öffentlich aufklärt", findet er „gut und nötig", wenn er sich auch mehr gewünscht hätte. „Vielleicht kommt da ja noch was", sagt er.

Zunächst zu den archäologischen Grabungen am Kiliansberg von 2017: Weil Friedhöfe um die Gotteshäuser üblich waren, überraschte weniger, dass man auf Bestattungen stieß, aber deren hohe Zahl. Obwohl gar nicht allzu tief gegraben wurde und der Friedhof noch weit in die umliegenden Straßen hineinreichte, legten die Archäologen erstaunliche 209 Skelette frei. Unter den in der Tiefe entdeckten Mauerfunden waren, wie erhofft, auch Reste der 1406 erbauten Kilianskirche. Radiokohlenstoffuntersuchungen der Skelettknochen erlauben die Festlegung auf diese Zeit. Noch älteren Datums und deshalb von besonderer Aussagekraft sind aber entdeckte Steinfundamente einer Apsis und eines Chorbogens, die wohl von einem im Hochmittelalter (11. Jhdt.) errichteten Vorgängerbau stammen.

Die Grabungen stießen auf größtes Interesse. Im Stadtrat wurde die Forderung laut, Teile dieses Uralt-Schweinfurt für kommende Generationen unbedingt sichtbar zu machen. Der damalige stellvertretende Stadtheimatpfleger Dag Schröder hatte bereits 2012 in einem stadtinternen Protokoll zur Erinnerung „an die erste Stadtgründung Schweinfurts einen kleinen Bürgerpark mit einem Dokumentationspavillon mit kartierten Darstellungen, Texten und Fundstücken" angeregt. Die Stadtplaner ignorierten aber diesen Vorschlag, über den die Anwohner dann erst 2016 durch Schröder informiert wurden.

Mauerreste und unerwartet viele Bestattungen fanden sich bei den archäologischen Grabungen 2017.

Fritz Schäfer griff diese Ideen unverzüglich auf. Bei einem Besuch im thüringischen Schmalkalden war ihm an der Stadtkirche St. Georg ein mit einer Glasplatte überdecktes Bodendenkmal aufgefallen. „Die Besucher und Bürger der Stadt können so die Mauerreste und Fundstücke anschauen", erzählt er. Doch es war zu spät: Bereits 2015 hatte die Stadt Schweinfurt Baurecht für die beiden Neubauten auf dem Privatgrundstück geschaffen.

Diese Geschichte der Kilians-Kirchen hat es fürwahr in sich, sie setzt sich zunächst am Kiliansberg fort. Urkundlich erwähnt und in alten Schriften genannt – so 1317 als „alte Pfarrkirche St. Kilian", 1334 als die „Pfarrkiche bie Swinfurt" und 1337 im Sinne einer Ortsbestimmung „Wingarten gelegen hinter sant Kylian" – ist für das Jahr 1388 der Abriss dieser wohl zweiten Kilians-Kirche dokumentiert. Als Ersatz begann schon 1389 der Bau eines neuen Kirchleins am heutigen Zeughausplatz mitten in der Stadt. Dass es erst 1412 fertig wurde, lag am Würzburger Bischof, der mit dem „schlecht' Kirchlein" nicht einverstanden war, weil auf dem Friedhof „fremde verstorbene Leut begraben" werden sollten. Er zwang die Stadt außerdem dazu, Sankt Kilian auch am alten Standort wiederaufzubauen, was auch geschah. 1406 erfolgte die Weihe der dritten Kilians-Kapelle auf der Anhöhe. Die Stadt hatte also eine Zeitlang sogar zwei Kilians-Kirchen, wobei die am Kiliansberg mehr Zulauf hatte. Für 1542 sind Wallfahrten zur Kirche dort bekannt, noch rechtzeitig vor ihrer Zerstörung 1543/44. Ob durch ein gelegtes Feuer, ist nicht geklärt.

Das Kirchlein am Zeughausplatz – das Zeughaus selbst entstand erst 1589 – wurde bis 1562 als Kirche genutzt. Danach war es Gießhaus, Salpetersiederei und Mehlmagazin, ab 1852 Feuerwehrgerätehaus. 1907 wurde es bis auf den Chorraum abgebrochen, um Platz für eine Feuerwache zu schaffen. Sankt Kilian existierte aber weiter. Der nächste Neubau, nun im Eisenbahner-Viertel, wurde am 13. November 1927 als Tochterkirche von Heilig Geist eingeweiht. Nach Zerstörung durch Weltkriegs-Bomben wurde 1952 die Kirche an gleicher Stelle in der Sankt-Kilian-Straße neu gebaut und am 20. September 1953 von Bischof Julius Döpfner geweiht. Es war, wie wir heute wissen, die sechste nach dem heiligen Kilian benannte Kirche in Schweinfurt.

Hannes Helferich

So geht's zum Kiliansberg:

Vom Rathaus aus bis zur Mälzerei Schubert und links hoch zum Kiliansberg 4 1/2.

Die Hadergasse ist heute eine Mischung aus Wohnen und Geschäften und seit der nach über sechs Jahren Bauzeit 2017 endlich beendeten Umgestaltung auch richtig ansehnlich.

20

Hadergasse

Eine Kultfigur bis in alle Ewigkeit

Die Hadergasse kennt in Schweinfurt jeder: Zum einen, weil dort das Gefängnis seinen Standort hat – vom Volksmund aufgrund des Farbanstrichs „Villa Rosa" genannt. Vielleicht auch wegen der langen Bauzeit bei der Umgestaltung im Zuge der Altstadtsanierung. Sie dauerte von 2011 an rekordverdächtige 2250 Tage, also gut sechs Jahre. Die Gasse machte Schlagzeilen, es gab Streit, Ärger und die, die haderten, begannen mitunter ihre Kritik so: „Es Schörschla häd' sich des auch ned gfall lass."

Ja, das Schörschla. Es lebte in der Hadergasse und „garantiert bis in alle Ewigkeit den Bekanntheitsgrad der kleinen Altstadtgasse". Gesagt hat das Bernhard Kuhn, der viele Jahre und sehr zur Freude der Schweinfurter im Fasching s' Schörschla verkörperte. Aber wer war „As Schörschla vo der Hadergaß"? Einiges erfahren wir im wohl populärsten Schweinfurt-Gedicht mit diesem Titel.

Verfasst hat es ein gewisser Christian Klein, über den bis zur Buchveröffentlichung *Mei Schweinfurt is mer lieb und wart … – Schweinfurt und seine Heimatdichter* von Edgar Lösch im Jahr 2006 fast nichts bekannt war. Lösch mutmaßt zwar, dass Klein und Schörschla identisch sind, fügt aber ein „vielleicht" an, weil ein eindeutiger Hinweis fehlt. Es könne also auch sein, dass Klein, der selbst in der Hadergasse gelebt hat, einen Hadergässer namens Georg oder Schörschla gekannt und in Versen beschrieben hat. Denkbar sei auch, dass Klein die Figur einfach erfunden hat. Auf Christian Klein ist Lösch eher zufällig gestoßen. Bei Recherchen für sein Buch *Geschichte alter Schweinfurter Gasthäuser* entdeckte er im *Schweinfurter Tagblatt* mehrere Anzeigen, in denen Auftritte eben jenes Christian Klein im Kriegsjahr 1917 angekündigt waren. Lösch forschte weiter, und wir wissen jetzt: Der am 15. Februar 1879 im Stadtteil Fischerrain geborene Klein wohnte nach mehreren Umzügen der Familie ab 1890 in der Hadergasse. Als „wohl rechter Lausbub", so Lösch, lernte Klein also die Lebensumstände in seiner Gasse kennen, die ihn später dazu bewogen, ein legendäres Gedicht mit so wunderschönen Versen wie diesen zu schreiben: „Am allermästen hab i mei Fräd / an meiner süßen Anna, / un will mir eener mal die Gräd / beim Tanzen gar ausspanna, / na der kommt bei mir grad a racht / an die richtige Adressen, / na dann Verrecker, dann geht's schlacht, / dann schlog i blau die Fressn."

Ein Kind von Traurigkeit war Klein also weiß Gott nicht. Er zog zwar schon in jungen Jahren nach Nürnberg, unterhielt dort ein Ensemble aus Humoristen, Vortragskünstlern und Sängern und war ein über die Grenzen Nürnbergs hinaus bekannter Humorist. Aber er blieb Schweinfurt stets verbunden, kehrte zu Auftritten etwa im Theatersaal des Stadtparks oft in seine Heimatstadt zurück. Klein starb am 27. Dezember 1950 in Nürnberg. Das Schörschla aber lebt bis heute weiter, im Fasching, in Erzählungen, im Schweinfurter Leben.

In den Anfangsjahren nach dem Zweiten Weltkrieg verkörperte Georg Rimrod – auch er im Fasching – die umjubelte Auferstehung des „Haderers" aus der kleinen Gasse. Der legendäre Schweinfurter Musikus Oskar Emmert vertonte das Klein-Gedicht vom *Schörschla vo der Hadergaß*, und als es etwas ruhiger ums Schörschla wurde, schlüpfte „Kuno" Kuhn in die Rolle. Als Büttenredner der Antöner Narren, der vornehmlich die Stadtpolitik auf die Schippe nimmt, suchte Kuhn die dazu passende „gscheit daher redende Figur“, wie er sich ausdrückt. Und da sei für ihn „als militanten Shepherds-Gänger“ das Schörschla „naheliegend“ gewesen. Dazu muss man wissen: Die Kneipe „Shepherds“ mit ihrem Wirt Dieter Pickel war über Jahrzehnte der Schweinfurter Kulttreff. Sie hatte ihren Standort: klar, in der Hadergasse.

In der kleinen Gasse im Schatten der Stadtmauer stand einst der Katzenbrunnen. Sein Name sollte – wie auch der Name „Hadergasse“ – daran erinnern, dass die Bewohner, meist zugezogene Bauern, mit den alteingesessenen Städtern oft „wie Hund und Katz“ lebten, schreibt Hubert Gutermann in seinem Buch *Alt Schweinfurt*. Genauso wenig belegt ist die vom profunden Schweinfurt-Kenner Peter Hofmann geäußerte Mutmaßung, dass „Hader“ in seiner Bedeutung als abgetragenes Kleidungsstück oder Lumpen eine Rolle gespielt hat. Die Haderer, zum Beispiel Totengräber oder Bachkehrer, mussten als Angehörige des so genannten „unehrlichen Gewerbes“ am Stadtrand wohnen.

Wie auch immer: Munition und Stoff für seine unnachahmlichen Verse hatte Christian Klein für sich selbst oder für das von ihm beschriebene oder erfundene Schörschla ausreichend: „Mei Muttersprach is wirkli schö, / so heimatlich, so nobl / ke Fremmer kann a Wort versteh, / wenn ich aufmach mein Schnobl. / I sog: geh har, geh rüh, geh nüh, / ihr Gäß, ihr Mäd, ihr Gstecker, / ihr schlachte Basen, ihr schlachte Karl, / ihr Sauhünd, ihr Verrecker.“

Bernhard Kuhn, als Bürgerbeamter bei der Polizei in Schweinfurt bekannt und beliebt, verkörperte bis zu seiner Pensionierung 2013 stolze 15 Jahre lang diese Schweinfurter Kultfigur. „Aber noch heute nennen mich viele Leute, wenn sie mich auf der Straße sehen, ach, as Schörschla“, lacht er.

Hannes Helferich

So geht's zur Hadergasse:

Sie ist die Verlängerung der Johannisgasse und führt zur Neutorstraße.

Hier wurde Strafrecht ausgeübt: Christina Schuhmann auf der Plattform des Jungfernkusses.

21

Jungfernkuss

Ein schauderhaftes Strafrecht

Auf dem Gelände des Alten Friedhofs, nahe dem Mainufer gelegen, erregt der Überrest eines Turmes Aufmerksamkeit. Treppen führen hinauf auf eine Plattform, und gerade an warmen Sommertagen findet sich hier ein lauschiges Plätzchen zum Verweilen. Es handelt sich um den so genannten Schalenturm, der aber eher unter dem Namen „Jungfernkuss" in die Schweinfurter Geschichte eingegangen ist.

Im Hintergrund sind nicht selten Melodien aus der nahe gelegenen Musikschule zu hören. Dass es hier nicht immer so lauschig zugegangen sein mag, wissen viele Schweinfurter vermutlich nicht. „Es ist auch wirklich eine schaurige Geschichte, die sich um diesen historischen Ort rankt", erzählt Schweinfurts allererste Weinprinzessin, Christina Schuhmann. Aber vielleicht übt dieser Ort genau deshalb eine solche Faszination aus.

Doch zunächst zu den Fakten: Nach Sanierungsarbeiten an den Stadtmauerresten am Alten Friedhof und der Entdeckung der historischen Spitaltorbrücke 2007 kam im Jahr 2008 ein weiteres Zeugnis der Stadtgeschichte auf dem Gelände an der Schultestraße zutage, nämlich der Jungfernkuss oder eben Schalenturm, eine in Teilen erhaltene Turmanlage, die die Südwestecke der Schweinfurter Stadtmauer markierte. Bei der Freilegung einzelner Teile wurden eben auch der gut erhaltene Treppenabgang sowie ein intaktes Gewölbe entdeckt.

Der Treppenabgang zum Gewölbekeller.

Die *Main-Post* wies in einem Bericht von 2009 darauf hin, dass am Schalenturm verschiedene Bauphasen ablesbar seien, so stammten ältere Bauteile vermutlich noch aus dem Jahr 1367 – nämlich aus dem von der Bürgerin Kunigunde Esel gestifteten Karmelitenkloster. Es stand bis 1542 an der Stelle des späteren Friedhofs und wurde auch eine Zeitlang als Waisenhaus genutzt. Nach der Reformation wurde das Kloster aufgegeben, die Liegenschaft von der Stadt verwaltet. 1553/54, während des Markgräflerkrieges, diente das Anwesen als Geschützstellung und wurde schwer beschädigt. Die Stadt erwarb das Grundstück 1560 und legte hier den Friedhof an, der bis 1874 bestand (siehe Geheimnis 04).

Der Sage nach, so die Weinprinzessin und Touristikfachfrau, wurde in dem Gewölbekeller zur Zeit des Spätmittelalters ein geheimnisvolles, schauderhaftes Strafrecht vollzogen. So soll hier eine eiserne Jungfrau gestanden haben, die in jeder Hand ein scharfes Schwert hielt. „Wenn ein Verbrecher aufflog und für todeswürdig erklärt wurde, sollen die Täter auf unterirdischem Weg in den Turm geleitet worden sein, um dort angeblich die Jungfrau zu küssen."

Wenn sie sich ihr aber näherten, hätten die zwei Schwerter zusammengeschlagen und „schlugen den Kopf des Verbrechers ab", erzählt Christina Schuhmann weiter. Die Köpfe der Straftäter, so wird erzählt, seien samt der Körper in das Wasserbecken gefallen, das sich am Turm befand. „Sahen nun beispielsweise vorbeigehende Mägde das rot verfärbte Wasser des Teiches, sprachen sie laut ‚Die Jungfrau hat gearbeitet' und beteten für die Seele der Gerichteten", erzählt die ehemalige Weinprinzessin schaudernd.

Die Legende stamme vermutlich aus dem 19. Jahrhundert, meint Schuhmann, Belege für eine reale Existenz der eisernen Jungfrau seien vor Ort aber nicht gefunden worden. Heute ist der gesamte Bereich um die Spitaltorbrücke und den Jungfernkuss angelegt wie eine Parkoase – zum Erholen und Energie tanken. Nur: Wer sich hier zum Kuss bereit macht, der sollte sich vorher gut überlegen, ob der „Jungfernkuss" wirklich der geeignete Ort ist.

Katja Glatzer

So geht's zum Jungfernkuss:

In der Schultestraße direkt neben der Schweinfurter Musikschule geht es in den Alten Friedhof hinein. Auf der rechten Seite liegt an der Stadtbefestigung, in Richtung vhs, der Jungfernkuss.

Karl-Heinz Hennig hat über die original Schweinfurter Schlachtschüssel, an deren Erfindung die Bronzetafel erinnert, ein Buch geschrieben.

22

Bronzetafel

Eine Ur-Schweinfurter Erfindung

Einen besseren Titel hätte der ehemalige Kreisheimatpfleger und Bewahrer der fränkischen Kultur, Karl Heinz Hennig, für sein Buch über die „Schweinfurter Schlachtschüssel" gar nicht wählen können: *Zum Fressen gern*. Diese „urige Art, Schweinefleisch auf blanken Holzbrettern zu servieren", so Hennig, hatte ihre Premiere im Gasthof zum Stern in der heutigen Oberen Straße, damals Oberen Gasse.

Hennigs Nachforschungen verdanken wir, dass jetzt klar ist, wann dieses außergewöhnliche Schlemmen erstmals stattfand: 1840. Susanne Magdalene Schwanhäuser, Frau des Metzgermeisters Georg

Josua Schwanhäuser, soll mündlichen Überlieferungen zufolge die Idee gehabt haben, in der Durchfahrt des von den Eheleuten betriebenen Gasthofs Tische und Bänke aufzustellen und ihren Gästen das geschlachtete Schwein so zu servieren, „wie es schon immer bei den Bauern und Metzgern verspeist wurde“: auf einem Holzbrett. Dass sie als Mutter von zehn Kindern überlegt hat, wie sie möglichst viele Leute gleichzeitig satt bekommt, dürfte eine nachvollziehbare Rolle gespielt haben.

Die Original Schweinfurter Schlachtschüssel war jedenfalls erfunden. Eine von der Gesellschaft „Harmonie“ gestiftete Bronzetafel erinnert seit 2004 an das Ereignis. Sie hängt an der Außenwand eines im selben Jahr am einstigen Standort der Gaststätte hochgezogenen Neubaus. Als Erfinder der Schlachtschüssel wird darauf aber nur Georg Josua Schwanhäuser (1796-1876) genannt, der als *hoch geachteter Bürger unserer Stadt*, so die Inschrift, im Jahr 1827 auch Gründungsmitglied der Harmonie war.

Der Gasthof zum Stern ist 1780 erstmals dokumentiert. 1820 wurden Georg Joshua und Susanne Magdalene Betreiber der Gaststätte. Kurz vor dem Erwerb wurde der gesellschaftlich etablierte Metzgermeister in die „Schweinfurter Bürgerschaft“ aufgenommen. Er gehörte dem „Verein der gebildeten Einwohner Schweinfurts“, dem Liederkranz, an und war eben auch Mitglied der Harmonie. Wegen der schweren Erkrankung der Gastwirts-Gattin endete das Wirte-Engagement der Schwanhäusers bereits 1843. Susanne Magdalene starb 1851, Georg Josua im Jahr 1876 im Alter von 80 Jahren.

Die Gaststätte gab es weiter. 1878 wurde dort etwa die Schweinfurter Bäckerinnung und im gleichen Jahr – am 27. Juli 1878 – von Sozialdemokraten der „Wahlverein zur Erzielung volkstümlicher Wahlen“ gegründet. 1920 mauerte man die Hofeinfahrt zu, in der dereinst so viele Schweinfurter Schlachtschüsseln stattgefunden hatten. Nach dem Zweiten Weltkrieg konnte die Gaststätte nicht mehr Fuß fassen, sie wurde Ende der 1950er-Jahre geschlossen, das Haus abgebrochen. Im neu errichteten Gebäude betrieb das heute ebenfalls nicht mehr existierende Stoffhaus Markert sein Geschäft. Im Jahr 2000 kam der nächste Abriss und der derzeitige Neubau, Adresse: Obere Straße 6.

Die Schlachtschüssel – an keinem anderen Ort der Welt hätte sie besser erfunden werden können – entwickelte sich rasch zum gesellschaftlichen Ereignis und wurde in bürgerlichen Kreisen genauso wie bei Vereinen zum Höhepunkt des Jahres. Unzählige Gaststätten boten sie an, der Nachfrage wegen.

Und es entstanden im Lauf der Zeit viele Gedichte und vor allem Lieder, wie dieses aus dem Liederkranz-Repertoire: „Gegrüßet seid uns allzumal. Wer zählet Eure Namen. / Die heut zu einem Schweinmahl allhier zusammenkamen. / Die Auswahl wird hier keinem schwer. Wir essen alle Eines. / Das Schwein vom Rüssel bis zum Schwanz. Beschert uns etwas Feines."

Ihre beste Zeit hatte die Schlachtschüssel an der Wende zum 20. Jahrhundert. Da gab es den Spruch: „Guck När amal ins Tochblot nei – zwää ganza Seit'n senn voll Säu." Das große Fressen habe sich „wie keine andere Alt-Schweinfurter Tradition bis in die heutige Zeit so erhalten", hat der geschichtsinteressierte Schweinfurter Edgar Lösch in seinem Buch *Mei Schweinfurt is mer lieb und wart...* notiert. Gleichwohl mag es manchen Auswärtigen zunächst auch etwas barbarisch anmuten, wenn er vom Wirt aus großen Töpfen Bauch, Bruststpitz, Bug, Backe, Rüssel und am Ende die Innereien in acht Gängen direkt auf einem Holzbrett serviert bekommt.

Der Gast hat da schon eine gehörige Portion Sauerkraut, zwei Häuflein mit Pfeffer und Salz, Meerrettich und Bauernbrot – mundgerecht in kleine Quadrate geschnitten – vor sich. Zum Ritual gehört auch, dass – bevor es losgeht – mit Messer und Gabel der Wirt herbei getrommelt wird.

„Für das Opfer ist das zugleich der Auftrag, das Schweineschwänzchen weiterzureichen ans nächste Hemd oder die nächste Hose."

Allerwichtigste Tradition ist das neckische Spiel mit dem Schweineschwänzchen. Mit einer Nadel versehen, geht es reihum, soll dem Nebenmann oder Übernächsten möglichst unbemerkt ans Hemd oder die Hose gehängt werden, was bei Erfolg mit einem lauten „Er hängt" verkündet wird. „Für das *Opfer* ist das zugleich der Auftrag, das Schweineschwänzchen weiterzureichen ans nächste Hemd oder die nächste Hose", erklärt Karl-Heinz Hennig mit einem Schmunzeln. Jeder isst, so viel er kann, das Fett wird abgeschnitten, bleibt so lange liegen, bis die Metzger die Reste – mit einer Mauerkelle – abholen: Wurst wird draus gemacht. Getrunken wird zum Ereignis eigentlich Wein, wer Bier trinkt, ist mittlerweile auch gelitten. Zwischendurch hilft ein kräftiges Zwetschgenwasser, den nicht vermuteten nächsten Gang doch wieder anzugehen.

Weltrekordhalter ist Schweinfurt natürlich auch und der Erfolg im Guinness-Buch vermerkt. 1991 feierte die Stadt mit dem Schwein im Namen ihren 1200. Geburtstag. 1200 Menschen kamen bei der Turngemeinde zusammen, um die bis dahin größte Schlachtschüssel aller Zeiten am Originalschauplatz Schweinfurt zu verdrücken. Überliefert ist, dass für den Weltrekord fünf Dutzend Säue ihr Leben lassen mussten.

Übrigens: Eines der Schwanhäuser-Kinder, Sohn Gustav Adam, kaufte 1865 in Nürnberg eine ins Straucheln geratene Bleistiftfirma, die er in „Schwan Bleistiftfabrik" umfirmierte. Schwan Stabilo existiert nach wie vor und befindet sich bereits in der fünften Generation noch immer in Familienbesitz.

Hannes Helferich

So geht's zur Bronzetafel:

Sie hängt in der Oberen Straße 6 links neben dem Eingang.

Brauerei
Roth
SCHWEINFURT
BAYERN

Trinkmännle

Ärger ums Copyright

Ihr Bier verkauft die letzte Schweinfurter Brauerei Roth auch ab Hof. Und dort hängt an einer Wand und für jeden Bierabholer unübersehbar ein vermeintlich sehr altes Blechschild, das neugierig macht. Zu sehen ist der Schriftzug der 1813 gegründeten Brauerei und darüber ein Trinkmännle. Nur: Heute findet sich das Trinkmännle auf keinem Etikett mehr, es ist verschwunden. Warum?

Der heutige Brauereichef Edgar Borst klärt auf. Die Idee, mit einer solchen Figur für den Roth'schen Gerstensaft zu werben, entstand nach dem Zweiten Weltkrieg. Borst mutmaßt das Alter des Blechschilds dementsprechend auf 1948/49, vielleicht auch erst Anfang 1950.

Das Roth'sche Trinkmännle fand sich natürlich auch auf den Etiketten der Flaschen, es zierte übergroß die Sudhaus-Fassade, es war allgegenwärtig. Schweinfurt war eine Brauerei-Stadt. Wenn auch einige Braustätten noch vor dem Krieg verschwanden, wie die Brauerei Herzog im Zürch, blieb die Konkurrenz groß. In Schweinfurt gab es die Brauereien Hagenmeyer (bis 1988), Wallbräu (bis 1988) und Brauhaus (bis 2015), für den Landkreis soll stellvertretend für viele andere die Werner Bräu Poppenhausen (bis 2007) erwähnt werden.

Werbung für den eigenen Gerstensaft war also nötig und das Trinkmännle tat das, was es sollte: Es fiel auf. „Bis 1956 war alles gut, dann begann Ärger", schildert Edgar Borst. Eine Brauerei aus Westfalen reklamierte das Copyright auf die Werbefigur. Ihr „Trinkendes Männchen" habe frappierende Ähnlichkeit mit dem Männle aus Schweinfurt. Roth dürfe es nicht mehr verwenden. In der Auseinandersetzung ging es hin und her, das Patentamt war im Spiel, man verhandelte, erinnert sich Edgar Borst, der 1960 als Buchhalter zur Brauerei gekommen ist, ab da jede Fortsetzung des Streits miterlebte und 1993 den Betrieb übernommen hat.

1961 meldete sich dann noch eine Firma, ein Metallunternehmen

Roth-Brauereichef Edgar Borst hätte das Trinkmännle gerne als Sympathieträger behalten.

aus Nordrhein-Westfalen, die die Urheberschaft für ein solches Trinkmännle für sich reklamierte. Und der Brauerei Roth die weitere Nutzung ihres Werbemännchens ebenfalls verbieten wollte. Die kleine Schweinfurter Brauerei vom Oberen Wall gab aber zunächst nicht klein bei mit dem Hauptargument, dass man doch lediglich lokal, in einem Umkreis von maximal 30 Kilometern, mit der Figur werbe. Sollte heißen: Tut doch keinem weh. Als Lösung schlug man auch ein „verändertes Trinkmännle" vor. Die Gegenseite war aber zu keinem Kompromiss bereit, wenngleich Borst die Geduld des Patentamtes anerkennenswert nennt.

„Um weiteren Ärger, vielleicht sogar einen drohenden Rechtsstreit, zu verhindern, wurde das Trinkmännle 1963 schweren Herzens zu Grabe getragen", sagt Edgar Borst. Es entstand der neue, bis heute gültige, wenn auch immer mal wieder modernisierte Schriftzug *Roth Bier – Schweinfurter Brautradition*. Ergänzt um das Wappen der Er-bauer des „Roth'schen Hauses". Billig war die Entscheidung nicht, erinnert sich Edgar Borst, weil ja neue Etiketten und neues Geschäftspapier gedruckt werden mussten. Vom Sudhaus herab grüßte das Roth'sche Trinkmännle die Bierabholer dennoch einige Zeit weiter, ehe es übertüncht wurde. Erhalten blieb aber das Blechschild der letzten Braustätte in der einst an Brauereien so reichen Stadt Schweinfurt.

„Um weiteren Ärger, vielleicht sogar einen drohenden Rechtsstreit, zu verhindern, wurde das Trinkmännle 1963 schweren Herzens zu Grabe getragen."

Hannes Helferich

So geht's zum Trinkmännle:

Brauerei Roth, Obere Straße 24. Das Blechschild mit der früheren Werbefigur hängt unübersehbar im Brauereihof, Zugang über den Oberen Wall.

Die zweiarmige, geschwungene Freitreppe führte einst zum Herrenhaus hinauf. Heute genießt Karin Fuchs den Ausblick von oben.

24

Treppenaufgang

Gesellschaftlicher Glanz in der Fichtelsvilla

Etwas versteckt liegt der verwunschen anmutende Treppenaufgang zwischen Bäumen und Büschen in der Parkanlage Fichtelsgarten und lässt nur vage vermuten, dass sich hier einst ein prunkvolles Herrenhaus befand, in dem die feine Schweinfurter Gesellschaft zusammenkam.

Karin Fuchs steht am historischen Springbrunnen in der grünen Oase und zeigt nach oben zur zweiarmigen, geschwungenen Freitreppe. Die Schweinfurter Architektin liebt alte Häuser und Relikte, die eine Geschichte erzählen: „Das ist für mich wie ein großer Schatz. Die Freitreppe führte zur Terrasse und zum Haupteingang der Villa von Hedwig Fichtel-Graetz. Über eine Diele ging es zum großen Festsaal, einem repräsentativen, mit Gobelins geschmückten Musiksaal mit einer Fläche von 120 Quadratmetern." Als Dame des Hauses sei Hedwig Fichtel-Graetz für alle gesellschaftlichen Aufgaben verantwortlich gewesen, so Fuchs.

„Sie stammte von der Industriellen-Dynastie Sattler ab, auch ihr erster Mann, Karl Fichtel, kam aus einer wohlhabenden Schweinfurter Kaufmannsfamilie und war ein Urenkel Sattlers." Fichtel war es, der am 2. August 1895 zusammen mit Ernst Sachs die „Schweinfurter Präzisions-Kugellager-Werke Fichtel & Sachs" gegründet hatte. Just während der Planungen zur Traumvilla seiner Frau am Kornmarkt 19 – auch „Hohe Chance" oder „Fichtelsschanze" genannt –, starb er im Jahr 1911. Doch seine Witwe Hedwig Fichtel blieb nicht lange allein. Noch bevor die Villa am Kornmarkt 19 im Jahr 1915 fertiggestellt war, heiratete sie den leitenden Arzt des Städtischen Krankenhauses, den Königlichen Hofrat Dr. Hans Graetz.

Mit der Planung dieses Herrenhauses, das übrigens nahe des alten Wohnhauses (Kornmarkt 17) der Familie Fichtel entstand, war Carl Sattler betraut. „Nicht verwunderlich", findet Karin Fuchs, denn es hätten ja verwandtschaftliche Beziehungen bestanden. „Ein alter Garten war der Bauplatz, der in früheren Jahren von der alten Stadtmauer in die Festungswerke angelegt war", so beschrieb eben dieser Carl Sattler die Situation vor Ort. In diese alte Schanzenanlage aus dem 17. Jahrhundert mussten Haus und Garten eingepasst werden. „Die höchste Stelle, eine Bastion", so hatte Carl Sattler weiter berichtet, „wurde für das Haus bestimmt und so ergab sich der eigenartige Grundriss."

„Ein alter Garten war der Bauplatz, der in früheren Jahren von der alten Stadtmauer in die Festungswerke angelegt war."

Mit den hohen Mansardendächern ließ der Außenbau der Villa Fichtel-Graetz fränkischen Barock spüren. Aber auch im Inneren, so weiß Fuchs, schuf Carl Sattler Stuckornamente an Decken und Wänden, und die Einrichtung wurde dem fränkischen Rokoko zugeordnet. „Es war ein Gesamtkunstwerk. Die Dame des Hauses hatte mit mehreren Töchtern, vielen Bediensteten und den zahlreichen gesellschaftlichen Aufgaben bestimmt viel zu tun", taucht die Architektin in das Flair der 1920er-Jahre ein. „Es war ein hochherrschaftliches Haus, und es gab hier den allerersten Personenaufzug in der Region." Die Auffahrt zur Villa erfolgte über einen Abhang und den einstigen Geschützstand südlich der Bastion, heißt es in *Der Architekt Carl Sattler - Leben und Werk*. Dieses Gelände hatte Carl Sattler zu einem herrschaftlichen Garten mit Springbrunnen und Grotte gestaltet. Im Gartenareal zeugt noch eine Steinfigur von dieser Zeit.

Doch keine 30 Jahre lang habe die Villa an ihrem Ort gestanden, sagt Karin Fuchs bedauernd. „Beim Einmarsch der amerikanischen Truppen zu Ende des Zweiten Weltkrieges im April 1945 wurden die Villa und die Parkanlagen leider fast völlig zerstört." Das alte Wohnhaus am Kornmarkt 17 überdauerte dagegen den Krieg, aber ein dort ebenfalls von Sattler erbautes neues Ökonomiegebäude wurde 1944 Opfer eines Bombeneinschlags.

Warum die Villa komplett zerstört wurde, sei nicht ganz klar: „Ich vermute, dass die Amerikaner dachten, der Feind hätte sich hier versteckt", sagt Karin Fuchs. Auf die einst so herrschaftliche Auffahrt deutet nur noch ein Gehweg im Fichtelsgarten hin. Das einzige übrig gebliebene Relikt ist die einstige Freitreppe, die heute ins Nichts führt. Ins Nichts? Nein, denn wer beim Spaziergang durch den Fichtelsgarten die Augen schließt und tief einatmet, spürt den Glanz vergangener Tage.

Katja Glatzer

So geht's zum Treppenaufgang:

Von der Neuen Gasse in den Fichtelsgarten einbiegen. An dem Platz mit dem alten Springbrunnen befindet sich auch die Freitreppe.

Claudia Helldörfer hat sich intensiv mit den merkwürdigen Rillen beschäftigt.

25

Wetzrillen

Von Teufeln, Regenrinnen und Bettlern

Wer viel in Deutschlands Städten auf Geheimnissuche ist, findet sie immer wieder: lange, gerade Rillen, in der Mitte meist etwas dicker als oben und unten, in etwa einem Meter Höhe in öffentliche Sandsteingebäude gehauen, bevorzugt an Kirchen. Auch in Schweinfurt kann man diese Rillen entdecken: Sie zieren die Südseite der Sankt Johanniskirche. „Wir haben keine richtige Erklärung, was es mit diesen Rillen auf sich hat", sagt Gästeführerin Claudia Helldörfer. Kein Wunder, denn an dieser Frage haben sich schon zahlreiche Historiker und Forscher die Zähne ausgebissen. Es gibt unzählige Quellen und Vermutungen, von abergläubischen bis hin zu ganz simplen technischen: Die Varianten, wie diese merkwürdigen Rillen entstanden sein könnten, reichen vom Teufel, der hier seine Krallen geschärft hätte, über die Vermutung, die Regenrinne sei undicht und der saure Regen habe im Laufe der Zeit die rillenartigen Einkerbungen hinterlassen, bis hin zu der Ansicht, dass es sich um eine Geheimschrift der Bauleute handle.

In Schweinfurt werden vor allem zwei Varianten kolportiert: „Die eine ist die, dass die Ritter im Mittelalter hier ihre Waffen wetzten", sagt Claudia Helldörfer, „und das aus einem ganz bestimmten Grund: Eine Kirche war ein heiliges Gebäude, sie haben sich davon Heil und Segen erhofft." Doch so ganz logisch findet sie die Erklärung nicht: „Das würde die Degen eher stumpf machen als sie schärfen", hat sie sich von einem Hobbyfechter erklären lassen. Ihre Lieblingsvariante ist jene, dass Frauen den Steinstaub im Mittelalter herauskratzten und als Arznei verwendeten. Steinpulver als Arznei also, doppelt wirksam, wenn er von einem heiligen Gebäude stammt. Eine weitere Erklärung, an die Helldörfer persönlich nicht glaubt, ist, dass Pilger die Zeichen hinterlassen hätten als Signal, dass man an diesem Ort mit offenen Armen empfangen werde.

Der Autor Georg Steffel überlegt in seinem Aufsatz *Die rätselhaften Rillen*: „Es muss einen konkreten Grund geben, weshalb die Rillen in der Nähe von Türen und Toren entstanden sind." Und noch dazu eben an Gebäuden, in denen viele Menschen zusammentrafen. „In allen Fällen wird das Bedürfnis bestanden haben, beim Verlassen der Gebäude nach Eintritt der Dunkelheit Licht zu machen, eine Laterne zu entzünden oder etwa eine Tabakspfeife in Brand zu setzen." Übrigens: Steffel hat selbst ausprobiert, ob sich an Sandstein Feuer schlagen lässt, und dabei keine Mühe gescheut. Er schreibt: „Es bleibt festzustellen, dass es möglich ist, ohne besonderen Aufwand und mit Regelmäßigkeit Feuer aus Sandstein zu entfachen. Quod erat demonstrandum."

Mit der Variante des Feuerschlagens hat sich auch Wetzrillenforscher Karl-Friederich Haas ausführlich beschäftigt – in seinem Werk *Unerklärliche Zeichen im Stein* beleuchtet er das Thema von allen Seiten. Zum Beispiel zitiert er Richard Beitl, der schrieb: „Nach dem Ritus der Kath. Kirche wird am frühen Morgen des Karsamstags, nachdem zuvor in der Kirche alle Kerzen gelöscht sind, auf dem Kirchhofe das ‚Osterfeuer' (ignis paschalis) oder ‚Judasfeuer' entzündet. […] Nach alten Vorschriften soll der Brand durch Stahl und Stein erzeugt werden […]." An anderer Stelle, so Haas, heiße es zu den Wetzrillen: „Kirchlichen Zwecken, etwa zur Entzündung des Osterfeuers, verdanken sie ihren Ursprung nicht. Denn nach kirchlicher Vorschrift soll das Osterfeuer am Carsamstage ex lapide (aus dem Stein) gewonnen werden, wozu gewiß der later (Ziegelstein) nicht zu rechnen ist." Haas überlegt: „Wenn das ‚Feuerschlagen' nur zum Erzeugen des Osterfeuers angewendet wurde, wurde dies dann einmal nur im Jahr gemacht und zudem nur an der (Pfarr-) Kirche bzw. in der Nähe einer Kirchentüre oder der Sakristei? Wie ist dann die häufig doch sehr hohe Zahl von Rillen zu erklären, vor allem, wenn für jede Rille hunderte oder gar tausende Kratzvorgänge erforderlich waren?"

Haas hat sich auch Gedanken darüber gemacht, warum über die Wetzrillen nichts schriftlich überliefert ist. Hier bemüht er Walter Heinz und Werner Kaschel, die in dem Werk *Von Wetzrillen und Reibschälchen* schreiben: „Über die Entstehung der Wetzrillen und auch der sogenannten Reibschälchen in der Geschichte nachzuforschen wäre gleichbedeutend mit der Frage, wie eigentlich ein Nagel in das Holz kommt. Es waren […] alltägliche Vorgänge und daher nicht erwähnenswert." Das glaubt auch Haas. Er vermutet, ähnlich wie die von Claudia Helldörfer angesprochene Überlegung mit den Pilgern, dass sie von Bettlern als Zeichen dafür eingeritzt wurden, dass sich in diesem Haus ein freigiebiger Mann befindet – oder in dieser Kirche ein großzügiger Priester. Haas schreibt: „Fundstellen finden sich an Orten, wo für Bettler Almosen oder Spenden zu erwarten waren und wo die Möglichkeit bestand, Nachrichten für andere über ein

Die Rillen sind an der Südseite der Johanniskirche zu finden.

erfolgversprechendes Betteln zu hinterlassen." Im 16. Jahrhundert sei die Zahl der Bettler stark angewachsen. Und der Dreißigjährige Krieg „mit einem weiträumigen wirtschaftlichen Niedergang, mit der Zerstörung von Land, Stadt und Dorf, mit den vielen Toten aufgrund von Kriegseinwirkungen und insbesondere der Seuchen, aber auch allgemeinem Niedergang etwa hinsichtlich Disziplin der Soldateska [habe] zu einem riesigen Heer von Bedürftigen und Armen geführt". Haas hat ein Zitat von einem Virchow gefunden, möglicherweise Rudolf Virchow (1821-1902), der „um 1884 gewarnt habe, diese Rund- und Wetzmarken nicht zu unterschätzen, ‚da sie über Wanderungen und Verbreitung der Völker Aufschluß geben könnten' ". Und er hat festgestellt, dass sich viele Rillen an den einstigen Hauptverkehrsstraßen befänden.

„Fundstellen finden sich an Orten, wo für Bettler Almosen oder Spenden zu erwarten waren und wo die Möglichkeit bestand, Nachrichten für andere über ein erfolgsversprechendes Betteln zu hinterlassen."

Viele Lösungsansätze also, die einen schlüssiger, die anderen eher unglaubwürdig. Claudia Helldörfer bilanziert: „Welche der vielen Varianten stimmt, werden wir wohl nie herausfinden. Aber faszinierend finde ich die Wetzrillen allemal."

Eva-Maria Bast

So geht's zu den Wetzrillen:

Die Sankt Johanniskirche steht dominant auf dem Martin-Luther-Platz in der Stadtmitte. Die Wetzrillen befinden sich auf der Südseite.

Am Treppenturm erinnert eine Inschrift an alle bei der einstigen Genehmigung beteiligten Ratsherren. Sie ist über dem vereinfachten Wappen als Herzschild mit dem Doppeladler von Kaiser Rudolf II. angebracht.

26

Doppeladler

Zeughaus im Wandel der Zeiten

Was hat das fast 500 Jahre alte Zeughaus nicht schon erlebt! Es war Lagerplatz für allerlei Zeug, das sagt ja schon der Name. Lange Zeit auch Zeitungshaus und Druckerei, was auch der Grund dafür ist, dass viele Schweinfurter noch immer vom „Tagblatt" reden, wenn sie das Zeughaus meinen. Heute ist es Familientreffpunkt der Stadt. Am Haus findet der aufmerksame Beobachter auch einiges, das mit den Nutzungen eigentlich nichts zu tun hat, aber viel(e) Geschichte(n) erzählt. Was bedeutet der Doppeladler am Turm? Wer sind die auf einer Tafel genannten Menschen? Stimmt es, dass der Keller erst sehr viel später gebaut wurde?

Erst einmal aber ein kurzer Blick zurück. Auf dem heute nach dem Gebäude benannten Platz stand ab 1437 die „Roßmühle". Sie wurde beim zweiten Stadtverderben im Markgräfler Krieg 1554 zerstört. Weil der Rat der Freien Reichsstadt – 1230 bis 1802 – ein Waffenarsenal benötigte, sahen der damalige Bürgermeister Kremer und seine Räte das Gelände der ehemaligen Roßmühle als den dafür geeigneten „Bauplatz" an.

Zunächst diente das 1589 bis 1591 gebaute Zeughaus als „Verwahrort der Geschütze und Munition, später als Lagerhaus für Getreide", berichtet der frühere Stadtarchivar Dr. Erich Saffert. Die einstigen Stadtbaumeister Urban Fend und Johann Holzapffel ließen das Zeughaus seinerzeit im Stil der Nachgotik/Renaissance unter Mitarbeit der Steinmetze Gabelmann und Nikolaus Sieber errichten. An sie und die beteiligten Ratsherren erinnert die in die Turmmauer eingelassene Inschrift – in Höhe des ersten Obergeschosses und über dem zweiten erhaltenen Relikt aus der Entstehungszeit: dem Wappen als Herzschild mit dem Doppeladler von Kaiser Rudolf II. Während seiner Regierungszeit 1576 bis 1612 wurde das Zeughaus erbaut.

Seit die Kaiserwürde ab dem 16. Jahrhundert fast durchgehend an Mitglieder der habsburgischen Dynastie vergeben wurde, führten die habsburgischen Kaiser den kaiserlichen Doppeladler mit einem Herzschild, das die Wappen ihrer Länder zeigte, was die Bindung der Kaiserwürde an die Habsburger unterstreichen sollte. Der heute zu sehende Doppeladler ist allerdings eine Kopie des historischen „Federviehs", die vor zirka 30 Jahren selbst repariert werden musste. Die Schweinfurter Firma Labus schnitt den Edelstahl-Adler per Wasserstrahl aus, das Malergeschäft Kämpf – mit Standort gegenüber dem Zeughaus – überzog den Doppeladler mit 24 Karat-Doppelgold. Er sitzt auf einer schmiedeeisernen Stange, die in die Kugel auf dem Turm eingelassen ist.

Ehemals zierten 21 Kupferknöpfe den Giebel, Treppenturm und die Dachgauben des Bauwerkes, das an der West- und Nordseite eine Mauerstärke von 1,10 Metern aufweist. Die übrigen Seiten sind kaum ein Drittel so stark, weil, so Erich Saffert, „erstere bei Beschuß am meisten gefährdet waren". Apropos Beschuss: Die Kanonenkugeln im Westgiebel sind nachträglich eingemauert worden. Die Chronik berichtet nämlich, dass diese Kugeln beim Angriff der Schweden 1647 am Mauerwerk abgeprallt sein sollen (siehe Geheimnis 12).

1826 erwarb der erfolgreiche Industrielle Wilhelm Sattler (1784-1859) das Anwesen, in dem in den Jahren zuvor Theater gespielt worden sein soll, es diente auch als Pferdestall und Soldaten-Unterkunft. Sattler ließ damals an der Nord- und an der Westseite je einen Vorbau errichten. Ein Stein im westlichen Torbogen trug die Initialen *W* und *S* für Wilhelm Sattler. Die Stadt ließ die Vorbauten beim Umbau 2013/2014 abreißen, der Sattler-Stein wurde außen sichtbar nicht wieder eingemauert.

Fortsetzung der Haus-Historie: Am 16. September 1935 erwarb Hans Helferich, der Großvater des Autors, das Zeughaus von der Firma Sattler. Der Verleger und Herausgeber des *Schweinfurter Tagblattes* fand im altehrwürdigen Gebäude den Platz, der ihm am Standort seiner Buchdruckerei in der Brückenstraße 18 fehlte. Bis dahin hatten zahlreiche Mieter das Zeughaus für ihre Zwecke genutzt, beispielweise der technische Artikel vertreibende Rudolf Dähn, der Fahrradhändler Hans Drescher oder der Automechaniker Otto Schneider samt Werkstatt.

Das 1589 bis 1591 erbaute Zeughaus war Lagerplatz und Zeitungshaus. Heute dient es der Stadt als Haus der Familie.

Nach deren Auszug begannen am 26. September 1938 die Renovierungsarbeiten. Der Schornstein im Westen wurde abgebrochen. Man benötigte aber für die Heizung, Zeitungs-Papierrollen und Sozialräume einen Keller. „Ein immenser Aufwand", schreibt Hans Helferich in der Familienchronik. Bis dahin verfügte das Zeughaus nur an der Südostecke über einen kleinen Aushub von wenigen Quadratmetern. „Über tausend Fuhren Erde und Steine wurden bei Ausgrabungsarbeiten herausgeschafft", ergänzt er. Bei den Arbeiten stieß man auf die Überreste eines Mahlgangs, wahrscheinlich der früheren Roßmühle.

Am 8. Oktober 1940 wurde das Zeughaus dann offiziell als „Zeitungshaus“ übergeben. Das 1856 gegründete *Schweinfurter Tagblatt* war 1900 von Gotthard Silvester Helferich, dem Vater von Hans Helferich, übernommen worden. Nach der im März 1943 auf Anordnung der Reichspressekammer der NSDAP erfolgten Verfügung wurde das Blatt verboten, die schwärzeste Stunde. 1949 durfte das *Tagblatt* wieder erscheinen, aber erst 1953 ins Zeughaus zurückkehren. Da schon unter der Regie von Heinz Helferich, dem Vater des Autors.

Zwei Jahre nach seinem Tod (2001) erwarb die städtische Hospitalstiftung das Baudenkmal. Die *Mediengruppe Main-Post* mit *Tagblatt* und *Volkszeitung* blieb noch bis 2009 als Mieter, verlegte ihren Sitz dann – ebenso wieder aus Platzgründen – in die Schultesstraße. Nach umfassender Sanierung durch die Stadt dient das Zeughaus heute als „Haus der Familien“ mit Angeboten vom Kleinkind- bis zum Müttertreff.

Der Zeughausplatz ist mittlerweile umgestaltet, der Autoverkehr zurückgedrängt. Ein bisschen ist wieder die Zeit zurückgekehrt, die der Heimatforscher Hubert Gutermann 1927 so beschrieben hat: „Keine Fabriksirene, keine Autohupe weckt die Anwohner.“ An die einst ländliche Idylle dort erinnern noch heute die Namen der umliegenden Straßen und anderen Plätze: Bauerngasse, Kornmarkt, Roßmarkt.

Hannes Helferich

So geht’s zum Doppeladler:

Er befindet sich am Treppenturm des historischen Gebäudes Am Zeughaus 18. Dieses ist wegen seiner zentralen Lage aus allen Himmelsrichtungen problemlos zu erreichen ist.

Eine Tafel am Turm im Innenhof zwischen Oberer Straße und Krummer Gasse erinnert an die beiden genialen Erfinder, Vater Philipp Moriz und Sohn Friedrich Fischer.

27

Schild

Ein Schweinfurter erfand das Fahrrad

„Glotz ämol dan Narr'n o!" Das riefen die Schweinfurter, wenn Philipp Moriz Fischer (1812-1890) mit einer Freiherrlich Drais'schen Tretmaschine die damals noch gepflasterte und deshalb arg holprige Obere Straße hinunter Richtung Marktplatz fuhr. Doch ein „Narr" war Fischer, der im damals noch selbstständigen Dorf, dem heutigen Schweinfurter Stadtteil Oberndorf, das Licht der Welt erblickte, keineswegs. Der gelernte Orgelbauer- und Instrumentenmacher war ein Tüftler auch auf anderen Gebieten und verbesserte durch den Einbau einer Tretkurbel die Draisine entscheidend. „Mit dieser Erfindung hat Philipp Moriz Fischer den Grundstein für das Fahrrad gelegt", betont Hermann Popp diese Besonderheit und gleich noch eine weitere: Den zweiten Vornamen von Fischer schreibt er nämlich seit dem Jahr 2012 nur noch ohne „t", also Moriz statt Moritz. Warum, wird ein wenig später verraten.

Mit Fischer hat Hermann Popp ganz viel gemein. Auch der pensionierte Sachs-Ingenieur ist ein Erfinder und Tüftler. Er hat unter anderem die dereinst von Moriz Philipp Fischer genutzte Drais'sche Weimarer Laufmaschine von 1817 original nachgebaut. Sie ist heute ebenso in seiner Werkstatt zu bewundern wie rund 20 weitere von ihm umgebaute oder ganz neu konstruierte, in jedem Fall aber außergewöhnliche Modelle – etwa das Fahrrad mit einer Zentral-Lenkung für den Transport auf dem Vorderrad. Auch Hermann Popp wohnt in Oberndorf. Sein Zuhause ist gar nicht weit entfernt vom Geburtshaus Fischers hinter der ehemaligen Gaststätte Schwarzer Adler. Popp hatte der Stadt sogar einmal vorgeschlagen, das Gebäude zu einer „Art Gedenkstätte" mit den vielen vorhandenen Erinnerungsstücken zu machen. Dass aus der Idee nichts geworden ist, bedauert der Ingenieur, der die Lebensgeschichte von Philipp Moriz Fischer gleichwohl verinnerlicht zu haben scheint, so viel weiß er spontan zu erzählen.

Fischer fährt oder besser läuft schon 1821 mit damals neun Jahren mit einer – durch die Bewegungen seiner Beine vorwärts bewegten – Laufmaschine zur Schule in Schweinfurt, der „Lateinischen Vorbereitungsschule mit Progymnasium und Höherer Bürgerschule", dem Alten Gymnasium am Martin-Luther-Platz. Einer Schreinerlehre in Würzburg folgt eine Ausbildung als Orgelbauer und Instrumentenmacher in Bamberg. Als Wandergeselle reist er durch halb Europa. Während eines Heimaturlaubs 1837 lernt er Wilhelmine Lambius kennen. Auch ihr Vater ist aus der Branche, betreibt die Weinwirtschaft „Zur Traube" an der Ecke Johannisgasse/Jägersbrunnen in der Innenstadt.

1840 wandert Fischer mit seiner Verlobten nach London aus, sie heiraten dort. Als 1842 der gemeinsame Sohn Heinrich Adolf im Kleinkindalter stirbt, wird Wilhelmine neben ihrer Trauer auch heimwehkrank – das Paar kehrt zurück. Hier erwartet Fischer ein Monat Polizeiarrest wegen einer „verbotswidrig im Ausland geschlossenen Ehe". Der König mildert die Strafe auf drei Tage. Fischer erwirbt das Anwesen in der Oberen Straße, wo er Wohnung und Werkstatt für Orgel- und Klavierreparaturen vereinigt. Seine Kundschaft in Stadt und Land sucht er mit dem hölzernen Laufrad auf.

Bald ist ihm der „Knochenschüttler“ aber zu unbequem und zu langsam. Fischer baut ins Vorderrad einen Tretkurbelantrieb ein. Im Gespräch beschreibt Hermann Popp die vielen der genialen Erfindung folgenden Fortschritte zum heutigen Fahrrad, wie beispielsweise gefederte Sättel, den Kettenantrieb, die Luftreifen. „Erfinder des Zweirades, das ohne Bodenberührung gefahren werden konnte, war aber Philipp Moriz Fischer“, sagt der Oberndorf Bastler, wenn auch nicht ganz unumstritten ist, dass es das erste Fahrrad war.

Zum – noch berühmteren – Erfinder wurde sein Sohn Friedrich Fischer (1849-1899). Dieser eröffnet 1872 im Rückgebäude Obere Straße 8 eine mechanische Werkstätte mit Schlosserei und Dreherei. Hier verkauft und repariert er zunächst Nähmaschinen. Doch bald wird er der „Kugel-Fischer“. Auch der junge Techniker konstruiert nämlich inzwischen weiterentwickelte Fahrräder, will diese aber mit Kugellagern ausrüsten. Weil die aus England bezogenen Kugeln zu teuer, verschieden groß und nicht hundertprozentig rund sind, erfindet Fischer 1883 die „geniale Kugelmühle, mit der er nach dem Verfahren des spitzenlosen Schleifens gehärtete Stahlkugeln in großen Mengen sehr genau und gleich groß herstellen kann“, erklärt Hermann Popp.

Im Turm hinten befand sich die Werkstatt von Philipp Moriz Fischer, über den Hermann Popp alles weiß.

1887 treten Engelbert Fries und der Schlosser Wilhelm Höpflinger als Mitarbeiter in die Fischer-Firma ein, 1891 lässt Fischer beim Registergericht die „Automatische Kugelfabrik Friedrich Fischer“ eintragen. Der frühe Tod Fischers 1899 hemmt die Weiterentwicklung, 1909 steht die Firma zum Verkauf. Der Bau- und Kunstschlosser Georg Schäfer (1861-1925) mit Sitz in der Spinnmühle wagt den Kauf der Firma mit dem Warenzeichen FAG – Fischers Actien-Gesellschaft. Auch an Friedrich Fischer werde zu wenig gedacht, ergänzt Popp. Er habe „leider bisher auch erfolglos“ bei der Stadt angeregt, die Fischer'sche Werkstatt in der Oberen Straße 8 zu einer „Gedenkstätte für die Kugellagerindustrie" zu machen.

Und weil das Fahrrad für Vater und Sohn Fischer eine so große Rolle gespielt hat, bringt Hermann Popp auch „den dritten Gründer der Industriestadt Schweinfurt" ins Spiel: Ernst Sachs (1867-1932). Mit Karl Georg Fichtel (1863-1911) gründet er 1895 die Präcisions-Kugellagerwerke Fichtel & Sachs. Seine Erfindung, die Torpedo-Nabe von 1903 mit Antrieb, Rücktritt und Freilauf „hat den Fahrradbau in aller Welt geprägt". Zurück zu Philipp Moriz Fischer und seinem zweiten Vornamen, der in so vielen (alten) Biografien und Inschriften mit „t", also *Moritz*, geschrieben wird. „Fälschlicherweise", sagt Hermann Popp. Warum? Bei den Vorbereitungen für ein Bürgerfest zum 200. Geburtstag von Fischer im Jahr 2012 war er mit Unterstützung der damaligen Pfarrerin der evangelischen Kreuzkirche in Oberndorf, Christhild Grafe, auf ein Tauf- und Kirchenbuch gestoßen, in dem *Moriz* so geschrieben stand. Wenn später auch Dokumente gefunden wurden, in denen Fischer mit *Moritz*, also mit „t" unterzeichnete, ist Hermann Popp überzeugt, dass Moriz die richtige Schreibweise ist, weil er so getauft und im Kirchenbuch verewigt ist: *Moriz Fischer*.

An ihn und seinen Sohn Friedrich Fischer erinnert die Stadt schon lange mit einer Tafel am Turm des Gebäudes in der Oberen Straße 8, der ehemaligen Werkstatt der beiden genialen Fischers. Zu Philipp Moriz Fischers Ehren befestigte die Schweinfurter Gesellschaft Harmonie 2010 außerdem am Geburtshaus in Oberndorf eine Reliefplatte. Der Bronzeguss wurde von dem Künstler und Bildhauer Peter Vollert gestaltet. An beiden Tafeln ist der zweite Vorname mit „t" geschrieben, genauso wie die nach Fischer benannte Straße. Aber: Hermann Popp machte die Entdeckung des „t"-losen Moriz ja auch erst 2012. „Das lässt sich ja mal irgendwann korrigieren", merkt er lächelnd an.

Hannes Helferich

So geht's zum Schild:

Es hängt im Innenhof des Gebäudes Krumme Gasse 15 am Turm.

Der Schindturm hat zwar einen deftigen Namen, als sanierter Aussichtspunkt aber auch wieder eine große Anziehungskraft.

28

Schindturm

Wiederbelebter Treff- und Aussichtspunkt

Den Schindturm auf der Mainleite kennt Ursel Gassmann-Dibal schon von Kindesbeinen an. Er war oft Ziel der Familienwanderung und ist schon viele Jahre eine Station bei ihren Waldläufen. „Sein Zustand war aber traurig und ich wollte nicht mehr zusehen, wie der Turm immer weiter verfällt", sagte sie sich und handelte. Das wiederum hatte auch mit ihrem Engagement beim Rotary Club Schweinfurt-Peterstirn zu tun.

Sie war gerade für die Jahre 2016 und 2017 dessen Präsidentin geworden und wollte, wie sie sagt, „in meiner Amtszeit nicht ausschließlich Soziales für Schweinfurt leisten, wie wir es beispielsweise mit den Erlösen unseres Schlauchbootrennens seit Jahren tun, sondern auch etwas Bleibendes schaffen." Den maroden Schindturm zu sanieren und in Teilen möglichst wiederaufzubauen, bot sich an. „Auch deshalb, weil er passend zu unserem Clubnamen an der Peterstirn steht", sagt Ursel Gassmann-Dibal.

Bauherr des Schindturms war der „Rhönklub Schweinfurt". Man wollte Ende des 19. Jahrhunderts an prominenter Stelle einen repräsentativen Aussichtsturm im Stil der damaligen Zeit errichten. Die Wahl fiel 1891 auf den südwestlichen Rand des Hainwaldes, wo nach nur einem Jahr mit einem Zuschuss von 600 Reichsmark ein zweistöckiger Turm errichtet wurde. Das Untergeschoss war aus massivem Stein, die Etage darüber eine Holzkonstruktion.

Ursula Gassmann-Dibal hat die Sanierung des Turms angeregt.

Für mehr als ein halbes Jahrhundert war der „Schindturm" Ziel- und Treffpunkt der Schweinfurter und vieler auswärtiger Besucher. Nach dem Zweiten Weltkrieg verfiel der Turm aber zunehmend. Die Holzkonstruktion war schließlich derart baufällig geworden, dass man sie 1958 aus Sicherheitsgründen abtrug. Und das verbliebene Untergeschoss sah sich mehr und mehr Attacken von Vandalen und Graffity-Sprühern ausgesetzt. Der Schindturm war zuletzt Ruine. An den repräsentativen Aussichtsturm vergangener Zeiten erinnerte nichts mehr.

Auf Widerstand stieß die Rotary-Präsidentin mit ihrer Idee bei den Club-Verantwortlichen nicht. Im Gegenteil „erfuhr ich spontane Begeisterung". Die Stadt sagte Unterstützung zu, es fanden sich Sponsoren, Architekt Florian Göger erledigte Planung und Bauleitung kostenlos. Und auch die „rotarische Freundin Elke Krug-Hartmann zeigte sich mit ihrem Holzbau-Unternehmen großzügig", sagt Ursel Gassmann-Dibal.

Aber warum Schindturm? Mutmaßlich gab es dort oben hoch über dem Main schon einmal einen Schindturm. Dieser und auch die Namen „Schindleite“ und das heute noch so genannte Waldstück „Am Schind“ lassen vermuten, dass hier vom Mittelalter bis in die Neuzeit der Schinder, der auch Abdecker, Fallmeister und Nachrichter genannt wurde, seinen Anger – eine Grasfläche – hatte. Diese Personen wiederum hatten unter anderem die Aufgabe, altersschwache oder kranke Haustiere und Vieh wegzuschaffen. Zeitweise nahmen sie im Auftrag der Stadt auch die Aufgabe des Henkers wahr. Der Schinder gehörte zu den so genannten „unehrlichen Berufen“. Das hatte nichts mit charakterlicher Unehrlichkeit zu tun, sondern bezog sich auf die Art der Tätigkeit, die als ehrlos galt. Das trug ihnen den Makel der gesellschaftlichen Verachtung und Ausgrenzung ein. Die betraf damals, aus heutiger Sicht unvorstellbar, sogar die Berufe Schäfer und Müller.

Der neue Schindturm, wieder aufgebaut in alter Größe, grüßt seit 2017 von der Anhöhe auf der Mainleite. Kernstück des Turms ist eine innenliegende Wendeltreppe. Vor Regen schützt ein Zeltdach mit Titanzinkdeckung, das von einer edlen Turmspitze gekrönt wird.

Grandios ist der Blick von der Plattform oben auf die Stadt. Im Vordergrund sieht man die Stadtteile Hochfeld und Deutschhof, nicht zu übersehen sind das Leopoldina-Krankenhaus und das blaue Hochhaus, das lange Jahre das höchste Wohnhaus Deutschlands gewesen sein soll. „Wendet man sich um 90 Grad, so sieht man weit in den Steigerwald hinein“, ergänzt Ursel Gassmann-Dibal. Der Schindturm ist auch eine Station des 7,7 Kilometer langen „Höllental und Mainblick-Wanderwegs“, im Volksmund Kurt-Petzold-Weg genannt. Es war die Joggingstrecke des Ende 2020 verstorbenen früheren Oberbürgermeisters Kurt Petzold. So schließt sich der Kreis.

Hannes Helferich

So geht's zum Schindturm:

Hoch zur Peterstirn, vom Parkplatz Obere Mainleite sind es rund 250 Meter in nördliche Richtung.

Karin Fuchs zeigt am Zeughausplatz auf das geheimnisvolle Stahlband.

29

Stahlband

Friedhof unter dem Zeughausplatz

Dort, wo heute auf dem Zeughausplatz drei mächtige Platanen stehen, markiert ein im Boden eingesetztes Stahlband auf Naturstein ein historisches Gebäude. Zunächst kann man nicht erahnen, was das Band zu bedeuten hat. Die Schweinfurterin Karin Fuchs allerdings kennt die Antwort: „Wir stehen hier in einer historischen Kapelle, der St. Kilianskapelle.“ Das Stahlband markiert ihren Umriss. Als Architektin der Sanierungsstelle der Stadt Schweinfurt war sie live dabei, als 2011 im Zuge der Umgestaltung des bekannten Zeughausplatzes umfangreiche archäologische Grabungen stattfanden. „Es war faszinierend, als wir die Grundmauern einer kleinen Kirche nachweisen konnten, da kommt schon ein Gefühl von Ehrfurcht auf“, erzählt sie. Denn: Bei der Kilianskapelle handelt es sich um eines der ältesten noch nachweisbaren Gebäude der Stadt Schweinfurt – nach der evangelischen St. Johanniskirche.

„Allerdings haben wir bei den Grabungen schnell bemerkt“, erzählt Karin Fuchs, „dass dort ein Friedhof lag. Wir haben viele Gräber und vollständig erhaltene Skelette entdeckt.“ Zwar habe man bei der Stadt schon länger geahnt, dass sich an dieser Stelle ein Friedhof befand, dennoch sei es sehr berührend gewesen, so Karin Fuchs. Dicht an dicht lägen die Verstorbenen dort aneinander, viele seien Kinder zwischen 14 und 18 Jahren gewesen. Warum so viele Jugendliche? Dafür gebe es bisher keine schlüssige Begründung, sagt die Architektin. Fakt ist, dass die dem Heiligen Kilian geweihte Kapelle hier Anfang des 15. Jahrhunderts entstand – als das Gelände noch außerhalb der Stadt lag. Laut Fuchs wurde das kleine Gotteshaus ursprünglich als Ersatzbau für die Kilianskirche am Kiliansberg errichtet.

Diese hatte die Stadt Schweinfurt im so genannten „Städtekrieg“ 1387 niederlegen lassen, weil feindliche Truppen darin Deckung finden konnten. „Vielleicht war die neue Kapelle zu armselig oder zu klein, jedenfalls wurde dann die Kirche am Kiliansberg wiederaufgebaut und war sogar noch eher fertiggestellt als die kleinere Schwester auf dem Zeughausplatz“, so Karin Fuchs. Die Architektin erzählt, dass die vom damaligen Schweinfurter Reichsvogt Paul Rosa als „schlicht“ bezeichnete Kapelle dann nur noch bei Prozessionen und für Wallfahrten genutzt wurde und als Friedhof für „fremde verstorbene Leut‘ “, wie in *Schweinfurt und seine Denkmäler* von Erich Schneider zu lesen ist. Das Ende der Kapelle kam im Markgräflerkrieg: „Wie viele andere Gebäude auch wurde die Kapelle zerstört und schließlich 1563 als Gießhaus wiederhergestellt.“

Wie dem auch sei, wer heute über den Zeughausplatz schlendert und sich der Gräber darunter bewusst wird, geht vielleicht die nächsten Schritte in Demut – im Gedenken an „fremde verstorbene Leut‘ “, die vor vielen Jahrhunderten hier bestattet wurden.

Katja Glatzer

So geht’s zum Stahlband:

Das Stahlband verläuft auf dem Zeughausplatz.

Der langjährige ehemalige „Bürgermeister“ Werner Pfister steht vor dem Brünnle seines Bürgervereins.

30

Klingenbrünnle

Mehr als nur ein Wasserspender

Besonders in den Sommermonaten nutzen viele Schweinfurter die kostenlose Möglichkeit, mitgebrachte Behältnisse aller Größen mit dem kühlen, frischen Nass zu befüllen, das aus dem Brünnle am Gottesberg fließt. Die meisten von ihnen ahnen nicht, wie geschichtsträchtig das Brünnle ist, das schon seit 1577 „Begleiter des Lebens in Schweinfurt ist“, wie die Chronik des nach dem Brunnen benannten Bürgervereins verrät. Feste zu feiern wussten die Altvorderen auch rund ums Brünnle also schon damals.

Vom Mai 1857 heißt es, dass die „Saison am Klingenbrunnen bei jetzt eintretendem günstigem Wetter am nächsten Sonntag morgens schon um 5 Uhr mit einer gutbesetzten Musik eröffnet“ wird. Nicht auszudenken, wenn die angeblich heilende Wirkung des Klingenbrunn-Wassers 1880 zu mehr als „nur“ zum ersten Schweinfurter

Wasserfest geführt hätte. Seit 1909 ist das Brünnle nicht mehr „nur“ Wasserspender, es ist seitdem auch Wahrzeichen des damals gegründeten Bürgervereins, der „Klingenbrunner Gemee“.

Schon ein wenig früher, 1900, hatte sich im Zürch der allererste Schweinfurter Bürgerverein gegründet. 1920 folgte als Nummer drei der Bürgerverein Altstadt, ab den 1950ern kamen die weiteren fünf hinzu: 1957 am Bergl, 1958 in der Gartenstadt, 1979 am Deutschhof, 1988 auf der Eselshöhe und 1997 in Oberndorf. Die Gründer, zumindest der ersten Stunde, waren Stammtischbrüder. Neben der Geselligkeit haben sie sich vor allem aber „jedwede Unterstützung“ für die Mitbürger und Nachbarn auf die Fahne geschrieben.

Das gilt für alle acht Bürgervereine bis heute und „da sind wir Schweinfurter mal wieder einmalig“, sagt Werner Pfister. Er stand 40 Jahre – bis Oktober 2020 – auf der Kommandobrücke der „Klingenbrunner Gemee“ und erinnert sich hierzu eines Zitats von Georg Wichtermann (1909-1997), der über die Bürgervereine einmal sagte: „Ihre Aktivität macht uns stolz.“ Als der Alt-OB dieses Lob in den 1970ern aussprach, gab es aber erst fünf Bürgergruppen.

Gleichwohl: Das Außergewöhnliche der Bürgergruppen war stets allen Rathauschefs bewusst. Zum einen als Veranstalter der beim Volk so überaus beliebten Kirchweihen, vor allem aber auch wegen des sozialen Engagements. Man hilft, wenn Not am Mann oder an der Frau ist. Und macht auch den Mund auf, sammelt Unterschriften gegen eine drohende Geschäftsschließung oder stellt Sitzbänke auf – wie die Altstädter das im Erholungsgebiet Höllental und die Klingenbrunner neben ihrem Brünnle gemacht haben.

Wie anerkannt die Bürgervereine sind, zeigt sich auch daran, dass die Vorsitzenden – Ausnahme Oberndorf – fast ehrfurchtsvoll „Bürgermeister“ genannt werden. „Da begrüßt uns der amtierende Rathauschef schon mal mit Frau Kollegin oder Herr Kollege, mitunter werden wir auf der Straße scherzhaft mit Bürgermeister angesprochen“, berichtet Pfister, der auch auf den „tollen Zusammenhalt“ der Bürgervereine untereinander hinweist.

Dass die Klingenbrunner ein wenig aus der Reihe tanzen, hat allerlei Gründe: Ihr „Zuständigkeitsbereich“ ist nicht wie bei den anderen ein Stadtteil, sondern „halt so um den Gottesberg herum“. Der Brunnen ist Symbol, Namensgeber und Wahrzeichen. Und: Am Anfang gründeten sich gleich zwei Bürgervereine – einer im Gasthaus Freischütz, der andere in der Gaststätte Tannenbaum, in der man – jetzt vereint – nach dem Zweiten Weltkrieg weitermachte und Geschichte(n) schrieb. Wie diese hier, viel beachtet und belacht: Der Kirchweih-Festzug stoppte vor der Gaststätte „Tannenbaum", und alle stimmten *O Tannenbaum* an. „Ich weiß nicht mehr, wer die Idee hatte, im Sommer ein Weihnachtslied zu singen, aber das kam halt gut an", sagt Werner Pfister.

Tiefschläge, ja die gab es immer mal. Umgehauen hat es die Bürgervereine nicht. Die Klingenbrunner sind beredtes Beispiel dafür. Nach der Brauhaus-Pleite vor Jahren verlor die „Gemee" Stammlokal und Festplatz direkt am Klingenbrünnle. Die Kirchweih findet aber nach wie vor „um den Gottesberg herum" statt, heute beim Sportclub 1900, der – ganz wichtig – in Sichtweite zum Klingenbrünnle liegt.

Das Brünnle ist auch beliebtes Fotomotiv, vor allem an Ostern. 1200 bunte Eier hängen Mitglieder der „Gemee" alle Jahre an „ihrem" Wahrzeichen auf. „Wir sind stolz auf unser Brünnle", sagt Pfister. Gespeist wird es aus einer gefassten Quelle auf der nahen Klingenhöhe, das Wasser fließt in den Marienbach. 16 Liter in der Minute gibt die Quelle ab. „Das sind in einem Jahr 8,4 Millionen Liter", hat der ehemalige „Bürgermeister" Werner Pfister einmal ausgerechnet.

Hannes Helferich

So geht's zum Klingenbrünnle:

Einfach den Gottesberg ansteuern und mitten drin an der Marienbach-Brücke ist man am Ziel.

31

Höpperle

Die Bürger bauen einen Turm

„Das Berglein hinter der Mauer heißt das Höpperle. Einstens fuhr die Jugend auf dem Höpperle im Winter gern Schlitten.“ Fast liebevoll beschreibt Hubert Gutermann in seinem Klassiker *Alt-Schweinfurt* das Höpperle, einen von einst sieben Türmen allein in diesem Bereich der Stadtmauer zwischen Neutorstraße und Jägersbrunnen. Sie wurden alle im Zweiten Weltkrieg zerstört oder schon lange vorher abgebrochen. Einzig vom so genannten Ausfallturm gleich am Eingang in den heutigen Theaterpark sind noch Reste sichtbar – ein zugemauerter Bogen mit zwei Seitenpfeilern. Aber: Einen Turm, eben jenen Höpperlesturm, gibt es seit 2016 wieder. Und das ist eine besondere Geschichte.

Die zunächst naheliegende Idee, das Höpperle am ehemaligen Standort des zumindest in Teilen noch vorhandenen Ausfallturms wieder aufzubauen, wurde allerdings fallen gelassen: Zum einen, weil es nur vom weiter südlich gelegenen Schweinehirtenturm Fotos gab und weil sich zum anderen die Hoffnung bestätigte, dass von diesem dem Höpperle baugleichen Turm noch Fundamente existieren.

Die Idee, überhaupt einen der Türme entlang des heutigen Châteaudun-Parks wieder neu zu bauen, hatte Peter Hofmann. Den Schweinfurter Rechtsanwalt und SPD-Stadtrat beschäftigt die Historie seiner Heimatstadt schon lange. Dass mittlerweile viele Gewölbekeller erhalten bleiben, man sich um die verwitterten Grabsteine auf dem Alten Friedhof kümmert, die Ring-Garagen am Wall verschwanden und der Stadtgraben rekonstruiert wurde, all das hat ganz viel mit Hofmann zu tun.

Seinen Turmbau-Vorschlag äußerte er erstmals 2011. Grund waren – wie bei seinen vorherigen Engagements auch – „die vielen in der Vergangenheit begangenen Todsünden“. Als Beispiele nennt er den Abriss der Stadttore oder der Stadtmauer und Türme am Westwall, um dort ein Kaufhaus bauen zu können. Dass in der Neuzeit „eine Kehrt-

Peter Hofmann freut sich über den nach langem Kampf wieder aufgebauten Höpperles-Turm im Theaterpark.

wende stattgefunden hat und heute Erhaltenswertes auch erhalten bleibt", freut Hofmann, auch wenn man das bei der wieder ans Tageslicht geholten Spitaltorbrücke seiner Ansicht nach „hätte besser machen können".

Zusätzlich animierten die damaligen Pläne der Stadt dazu, die teils noch erhaltenen Türme in der Neuen Gasse zu restaurieren. Auf der anderen Stadtmauerseite im Theaterpark gab es aber keinen Turm mehr. Hofmanns Idee für den neuen Höpperles-Turm begeisterte viele. Planer Michael Kupfer von der Firma Bauplan Schwebheim erstellte ein *Konzept Höpperles-Turm*, basierend auf einer Dokumentation zur Höpperle-Geschichte vom Schweinfurter Andreas Hedler, Architekt Joachim Perleth fertigte die Werkplanung. Ein Dutzend Firmen sagten ebenso unentgeltlich ihr Mitarbeiten zu, viele Unternehmen und zahllose Privatleute spendeten. Mehr als 200.000 Euro kamen so zusammen. „Wo gibt es das noch, aber die Schweinfurter wollten halt diesen Turm", sagt Hofmann.

Einzig vom früheren Ausfallturm gleich am Eingang in den heutigen Theaterpark sind noch Reste sichtbar – ein zugemauerter Bogen mit zwei Seitenpfeilern. Hinten ist der neue Höpperles-Turm erkennbar.

Um zu erzählen, wie alles begann, müssen wir in der Geschichte weit zurückblättern. Zum Bau der heutigen Neutorstraße wurde 1868 mit dem Durchbruch der Stadtmauer dort begonnen. Der Stadtgraben wurde 1871 aufgefüllt, der Straßenbau war 1876 beendet, das Neutor blieb zunächst noch stehen, erwies sich aber als für den Verkehr zu schmal und wurde um 1880 auch abgerissen.

Die Stadt war in diesem Bereich bis runter zum Jägersbrunnen durch zwei Mauern geschützt, zwischen denen – um die Standfestigkeit zu erhöhen – Erde aufgeschüttet war. Die Folge war ausreichend Platz, um den einst noch vorhandenen halbrunden Turm oben auf der Mauerinnenseite um einen rechteckigen Aufbau mit Ziegeldach zu ergänzen, wie Hedler in seiner Dokumentation schreibt. Dieses Häuschen wiederum nannte der Volksmund „Das Höpperle“, wohl auch wegen der vielen Fotoansichtskarten vom Turm mit der Beschriftung *Höpperle*. Das Turm-Häuschen war bis in die 1940er-Jahre bewohnt, im Zweiten Weltkrieg wurde es durch einen Bombenvolltreffer zerstört. Von da an klaffte an dieser Stelle eine Lücke in der Stadtmauer, die später durch „historisch unrichtiges Gestein“ geschlossen wurde.

Die andere Variante zur Entstehung des Namens ist das von Gutermann beschriebene Erlebnis unzähliger Schweinfurter im Kindesalter, als sie im Winter mit dem Schlitten von der Höhe nach unten in Richtung der heutigen Neutorstraße brausten. Wegen der Unebenheit war es halt das Höpperle. Die 2014 fertiggestellte Wohnanlage Neue Hadergasse bedeutete dann das Ende des einst so beliebten Spazierwegs und Geheim-Treffpunkts Höpperle.

2015 begann der Turmbau, wesentlich erleichtert durch die noch gut erhaltenen Fundamente des Schweinehirtenturms, der vormals dort gestanden hatte. Ein Fund sorgte für große Erheiterung: Die Archäologen staunten jedenfalls nicht schlecht, als sie bei den Grabungsarbeiten den Nachttopf der mutmaßlich letzten Bewohnerin ans Tageslicht beförderten, berichtet Hofmann. Wegen der anzunehmenden Baugleichheit beider Türme trägt der 2016 fertiggestellte Neubau aus nachvollziehbaren Gründen den Namen Höpperles-Turm.

Bei Stadtführungen besteht die Möglichkeit, die kleine Ausstellung innen zu besichtigen. Zuweilen übernahm und übernimmt auch Peter Hofmann selbst mal die Führung einer Gruppe.

Hannes Helferich

So geht's zum Höpperle:

Im Châteaudun-Park zwischen Theater und Kunsthalle steht der wiederaufgebaute Turm am Stadtmauerdurchlass zur Hadergasse.

32

Königin-Wappen

Eine umstrittene Herrscherin

In der Stadtmauer der einst stark protestantisch geprägten Stadt Schweinfurt findet sich das Wappen einer bedeutenden *Katholikin* – und angebracht wurde es ausgerechnet von Menschen, die für den Protestantismus sogar Krieg führten. „Damals war unsere große Katholikin allerdings auch noch keine solche – sondern eine streng protestantisch erzogene Regentin", relativiert Gästeführerin Martina Barth, die auf ihren Touren häufig an dem Wappen vorbeikommt und, neugierig geworden, seine Geschichte recherchierte.

Die Rede ist von Christina von Schweden (1626-1689), Tochter des berühmten Schwedenkönigs Gustav II. Adolf (1594-1632), seines Zeichens Anführer der Protestanten im Dreißigjährigen Krieg (1618-1648), der um die Hegemonie im Heiligen Römischen Reich und in Europa geführt wurde. In jenem Krieg fiel Gustav Adolf 1632 in der Schlacht bei Lützen und machte Christina nicht nur zur Halbwaisen, sondern auch zur schwedischen Königin. Zunächst trat die erst Fünfjährige die Regentschaft unter der Vormundschaft ihrer Mutter Maria Eleonora (1599-1655) an, doch da die Beziehung schwierig und die Mutter depressiv war, führte ab 1636 Reichskanzler Axel Oxenstierna (1583-1654) die Regierung und Christina zog zu ihrer Tante Katharina Wasa (1584-1638) und deren Gatten Johann Kasimir (1589-1652) von Pfalz-Zweibrücken. Eine enge Bindung entwickelte sie in jenen Jahren zu dem Sohn des Paares, Karl Gustav (1622-1660), ihrem späteren Nachfolger auf dem schwedischen Thron. „Angeblich hatten die beiden in den Jugendjahren auch eine Beziehung", sagt Martina Barth. „1647 beschloss Christina, inzwischen volljährig und damit regierende Königin, ihn zu heiraten und zu ihrem Thronfolger zu machen. Außerdem ernannte sie ihn zum Generalissimus, also zum Oberbefehlshaber der schwedischen Truppen in Deutschland. Und angeblich war Karl Gustav gerade in Schweinfurt zu Besuch, als er davon erfahren hat." Denn Schweinfurt stand damals, ein Jahr vor Ende des Dreißigjähri-

Martina Barth kommt oft an diesem Wappen vorbei und hat sich mit seiner Geschichte befasst.

gen Kriegs unter schwedischer Herrschaft (siehe Geheimnis 12), eine verhältnismäßig gute Zeit für die Stadt.

Als Christina von Schweden 1644 die Regierungsgeschäfte übernahm, dauerte der Dreißigjährige Krieg schon 26 Jahre an – und es ist nicht zuletzt ihrem Einsatz zu verdanken, dass der Westfälische Friede vorangetrieben und damit der Krieg beendet wurde. Allerdings kostete sie ihr Volk auch jede Menge Geld: Ihre Hofhaltung war ausgesprochen aufwendig, die Monarchin herrschte so prunkvoll wie sonst kaum jemand in Europa. Außerdem – und auch das war teuer – sammelte sie leidenschaftlich Bücher und baute Bibliotheken, förderte Theater, Musik und Universitäten, liebte Kunst. Und was sie liebte, wollte sie haben. Um das zu erreichen, verließ sie durchaus auch mal den geraden Weg, zum Beispiel geht der Prager Kunstraub von 1648 auf sie zurück.

Christina von Schweden liebte also das gute, das prunkvolle, das ausschweifende Leben. Aber Königin von Schweden mochte sie nicht wirklich sein. Und eigentlich auch keine Ehefrau. Sie verwarf die Heiratspläne mit Karl Gustav, der aber nach wie vor ihr Thronfolger blieb. Und dann erwähnte sie erstmals, dass sie sich von der Krone zurückziehen wolle. Das war 1651. Wieder ein Jahr später, 1652, wurde bekannt, dass sie, ausgerechnet sie, deren Vater der Anführer der Protestanten im Dreißigjährigen Krieg gewesen war, zum Katholizismus konvertieren wolle. Zwar ließ sie sich überreden, Schwedens Königin zu bleiben, aber nur unter der Bedingung, dass man sie nie wieder zu einer Ehe nötigen würde.

Doch das schwedische Volk bekam zu spüren, dass Christina eigentlich keine Lust aufs Regieren hatte: Sie besuchte lieber das Theater und genoss das Leben, las und ging dem Müßiggang nach. Das und ihre verschwenderische Hofhaltung brachten ihr zunehmend Kritik ein – und auch Christina war trotz ihres Müßiggangs und trotz ihres luxuriösen Lebens nicht glücklich mit ihrer Regentschaft. 1654 machte sie beim schwedischen Ständereichstag erneut einen Vorstoß, die Krone niederzulegen: Am 16. Juni 1654 wurde auf dem Reichstag die Abdankungsurkunde verlesen, ihr Cousin und Ex-Heiratskandidat Karl Gustav von Zweibrücken-Kleeburg wurde als König Karl X. Gustav ihr Nachfolger. Christina floh vor dem Zweiten Nordischen Krieg nach Antwerpen und machte nun neben dem Niederlegen der Krone auch noch einen weiteren Herzenswunsch wahr: Am 24. Dezember 1654 konvertierte sie zunächst heimlich und dann am 3. November 1655 offiziell zum katholischen Glauben.

Christina von Schweden blieb ihr Leben lang ledig. „Es wird ja gemunkelt, dass sie nichts mit Männern am Hut hatte und mehr an ihrer Zofe hing", sagt Martina Barth. Diese Gerüchte wurden genährt durch die Tatsache, dass die schwedische Königin eher maskulin als feminin wirkte, eine tiefe Stimme besaß, kurze Haare trug und durchaus auch mal in Hosen und Stiefeln anzutreffen war. Jedoch: Zofe Ebba Sparre (1626-1662) heiratete 1652 – und zwar auf Betreiben ihrer Herrin.

„Es wird ja gemunkelt, dass sie nichts mit Männern am Hut hatte und mehr an ihrer Zofe hing."

Als all das geschah, befand sich das Wappen in Schweinfurt aber lange schon an Ort und Stelle. Unter der Herrschaft Carl Gustav Wrangels (1613-1676) war die Festung Schweinfurt und damit die Stadtmauer 1647 ausgebaut worden. Unter anderem hatte er neue Schanzen errichten lassen, darunter auch jene, die am Ende mit dem Wappen Christinas von Schweden verziert wurde, was ihr den Namen „Christinaschanze" einbrachte. Zu Ehren der schwedischen Königin mit protestantischem Glauben, die sie damals noch war.
Es ist also alles eine Frage des Zeitpunkts.

Eva-Maria Bast

So geht's zum Königin-Wappen:

Es befindet sich rechts am Stadtmauerdurchgang, vom Messeplatz kommend Richtung Hadergasse.

In diesem Haus wurde Friedrich Rückert am 16. Mai 1788 geboren. Eine Bronzetafel des Stuttgarter Bildhauers Heinrich Schaeffer erinnert an den Dichter.

33

Bronzetafel

Rückerts Eltern als „Mietnomaden“

Eine Bronzetafel mit dem Konterfei Friedrich Rückerts schmückt dessen Geburtshaus an der Südost-Ecke des Schweinfurter Marktes in unmittelbarer Nähe zum Rathaus. „Hier erblickte der spätere Dichter, Philosoph und Orientalist am 16. Mai 1788 im Eckzimmer des zweiten Stocks um 6 Uhr morgens das Licht der Welt“, erklärt der Schweinfurter Historiker Rudolf Kreutner, der über Jahrzehnte hinweg Geschäftsführer der Rückert-Gesellschaft war.

Zu Recht werde Rückert, der Schweinfurt nach dem Abitur verließ, als eine der berühmtesten Personen der Stadtgeschichte verehrt, so Kreutner. Rückert sei trotz weniger Reisen ins Ausland – so weit bekannt ist, nur nach Italien – ein Kosmopolit gewesen, schaffte es allein anhand der grammatikalischen Struktur, 44 Sprachen, darunter Arabisch, Sanskrit, Persisch und Hebräisch, zu beherrschen. So weit, so bekannt.

Was vielen Schweinfurtern allerdings nicht bewusst ist: „Als Rückert geboren wurde, hätte die Familie schon nicht mehr in dem Haus wohnen dürfen. So gesehen waren seine Eltern Mietnomaden." Denn, so weiß Kreutner, das Haus, das Rückerts Großmutter gehörte, sei bereits verkauft gewesen, „die Familie Rückert wäre verpflichtet gewesen, im Februar/März 1788 auszuziehen". Ob es deshalb Ärger mit dem Käufer gab und ob sich der Umzug durch die nahende Geburt Rückerts verzögert hatte, das seien nur Mutmaßungen, sagt der Historiker. Fakt ist, dass, nach einer dem Förderkreis der Rückert-Forschung vorliegenden Urkunde über den Verkauf des Geburtshauses, das Domizil für 3.000 Gulden an Karl Fichtel, das Oberhaupt der späteren Industriellenfamilie, überging.

Die Familie Rückert zog einige Wochen nach Friedrichs Geburt in ein neues Zuhause in der Zehntstraße 1. „Das Haus gibt es heute aber nicht mehr, es wurde im Zweiten Weltkrieg zerstört." Wie ein Brief Friedrich Rückerts an Kaufmann Michael Schad aus dem Jahr 1863 preisgibt, wusste er selbst lange Zeit nicht genau, in welchem Haus er geboren worden war. Da heißt es: „Es rührt und beschämt mich sehr, dass meine lieben Landsleute noch immer mit solchem Eifer nach meinem Geburtshaus suchen, desto mehr freut es mich, daß ich sie nun auf die rechte Spur gekommen sehe. Nach Auffindung der Urkunde, wovon Sie mir schreiben, ist für mich kein Zweifel mehr daran, daß ich im Fichtel'schen Hause geboren bin, wo meine Eltern 1787 bis 88 wohnten. Nachher werden sie um ein paar Häuser weiter hinauf gezogen seyn, wo ich als Kind zur Besinnung erwachte und natürlich da auch glaubte geboren zu seyn."

Zudem habe die Familie nicht allzu lange in der Stadt gewohnt, sei dann aufs Land nach Oberlauringen gezogen, erzählt Kreutner weiter. Der Vater Rückerts, Johann Adam Rückert (1763-1831), ein Jurist, sei als Zugezogener nicht sehr angesehen gewesen. Zwar habe Rückerts Mutter – die aus Patrizierkreisen stammende Schweinfurterin Maria Barbara, geb. Schoppach (1766-1835) – versucht zu vermitteln, erklärt der Wissenschaftler. „Aber das funktionierte wohl nicht so recht."

Auch sein Sohn Friedrich Rückert habe sich nicht immer nur Freunde gemacht, weiß Kreutner. Er sei grundehrlich gewesen und habe offen seine Meinung gesagt. „Das war mit Sicherheit nicht immer taktvoll und taktisch klug." Schon als Kind sei der spätere Dichter und Philosoph durch seine Liebe zur Literatur und zur Sprache – auch zur Natur – aufgefallen, „heute könnte man salopp sagen, er war ein Urgrüner".

Faszination übt Rückert auf den Schweinfurter aufgrund seines unglaublichen Talents aus, sich alle Sprachen über die Grammatik anzueignen. „Natürlich hat er in Schweinfurt eine gute Ausbildung in klassischen Sprachen am Alten Gymnasium genossen, aber er muss auch wahnsinnig diszipliniert und ein guter Methodiker und Analyst gewesen sein." Aus eigener Erfahrung weiß Kreutner, dass erst die perfekte Kenntnis der Grammatik nötig ist, um dann die Wörter und deren Sinn aus verschiedenen Sprachen erschließen zu können. „Bei Rückert kann ich manchmal, allein durch die Art und Weise der Übertragung des Textes, auf den Urtext schließen." Viele Stellen ließen sich konkret zuweisen.

Die Tafel erinnert an den großen Sohn der Stadt.

Der Wortschatz Rückerts, ist sich der Wissenschaftler sicher, übersteige den des Dichters und Denkers Johann Wolfgang von Goethe (1749-1832) bei Weitem. Nicht umsonst gelte er bis heute als der Sprachgelehrte, dem die poetischste Übertragung des Korans gelang. „Sympathisch finde ich, dass er kein großes Aufheben um seine Person machte, sich nie als ‚Popstar' sah, obwohl er schon zu Lebzeiten sehr verehrt wurde."

Zwar habe Rückert kein allzu emotionales Verhältnis zu seiner Geburtsstadt gehegt, trotzdem ist laut Kreutner Schweinfurt die allererste Adresse, wenn es um den Sprachwissenschaftler und Orientalisten geht. Und das zu Recht. Denn Schweinfurt hat sich um den Nachlass Rückerts, den die Stadt erwarb, große Verdienste gemacht. Das Vermächtnis des Dichters umfasst neben Originalmanuskripten zu bereits editierten Werken auch unveröffentlichte Werke und private Korrespondenz. Seit 1890 schmückt Rückert als Bronze-Statue den Marktplatz, zudem rief die Stadt Schweinfurt 1963 den „Friedrich Rückert Literaturpreis“ aus, um sein Leben und Wirken zu ehren.

Wie Kreutner erzählt, rankt sich auch eine kuriose Geschichte um das Abitur des berühmten Schweinfurters. Denn dieses stand wohl kurzzeitig auf der Kippe, als die Reichsstadt Schweinfurt 1802 nach den fränkischen Hochstiften Würzburg und Bamberg im Herbst 1802 von Bayern annektiert wurde. „Dem alten reichsstädtischen Gustavianum wurde der Status als Gymnasium entzogen“, berichtet der Rückert-Kenner. Es galt nach Unterlagen aus dem Stadtarchiv Schweinfurt von da an zunächst als „Vierklassige Höhere Bildungsanstalt“. „Aber die Lehrer und Friedrich Rückert haben einfach weitergemacht, als ob nichts geschehen wäre, und so erhielt der spätere Dichter schließlich doch noch sein Reifezeugnis“, weiß Kreutner. Für Rückert ging es danach zum Jura-Studium nach Würzburg, das er allerdings bald fallenließ – und sich seiner großen Leidenschaft, dem Studium der Philologie und der Ästhetik, zuwandte.

Ein Glück für die Schweinfurter. Und alle Sprachgelehrten. Nicht zuletzt wäre das Rückert’sche Geburtshaus dann auch nie in den Genuss von so viel Prominenz gekommen. Das wäre nach dieser Geschichte doch wirklich sehr schade.

Katja Glatzer

So geht’s zur Bronzetafel:

An der Südost-Ecke des Schweinfurter Marktes, Markt 2, steht in unmittelbarer Nähe zum Rathaus das ehemalige „Fichtel’sche Haus“, in dem Friedrich Rückert geboren wurde. Die Tafel hängt über der Eingangstür.

Der große Zeiger der großen Uhr zeigt die Stunden an, der kleine ist nur dessen dekorative Verlängerung. Auf der kleineren Uhr darunter werden die Viertelstunden angezeigt.

34

Rathausuhr

Ziffernblatt vergoldet

„So kann man das nicht lassen", sagte Christian Kämpf beim Anblick des Wappens von Kaiser Maximilian II. am Alten Rathaus. Farbe war abgeplatzt, das jahrzehntelang Wind und Wetter ausgesetzte Wappen befand sich zwar in einem nicht irreparablen, aber sehr traurigen Zustand. Der Malermeister ließ es Zeit seines Lebens nie mit Worten bewenden, sondern ihnen stets Taten folgen. So auch damals im Jahr 2003, als er das Wappen am Rathaus auf seine Kosten restaurierte. Der Zeitpunkt war passend: Das 1878 vom Urgroßvater – auch er hieß Christian Kämpf – gegründete und auf Kirchenmalerei, Denkmalschutz und Restaurationen spezialisierte Schweinfurter Familienunternehmen feierte damals den 125. Geburtstag. Der Stadt dieses Geschenk zu machen, passte zum Anlass, drückte aber auch die Verbundenheit zur Heimstadt aus und war ein starkes Zeichen.

Und es sollte sich wiederholen. Auch Christians Sohn Ulrich Kämpf, seit dem Tod des Vaters 2005 der Inhaber des Malergeschäfts Kämpf am Zeughaus, nahm dieses Mal den 130. Geburtstag der Firma zum Anlass für ein wiederum großzügiges Geschenk an die Stadt. Und erneut ging es um das Rathaus, eines der wichtigsten Renaissance-Bauwerke Süddeutschlands: Ulrich Kämpf war – genauso wie im Jahr 2003 seinem Vater Christian das Wappen – das arg in Mitleidenschaft geratene Zifferblatt der oberen Rathausuhr aufgefallen. Er bot seine Hilfe an und vergoldete es neu – auf seine Kosten.

Ulrich Kämpf vor dem Rathaus, ganz oben am Turm hängen die Uhren.

Dazu wurden 150 hauchdünne Goldblättchen auf die zwölf römischen Ziffern und die Zeiger der Uhr „angeschossen“, wie das im Fachjargon heißt. Das Besondere an der Uhr – Durchmesser ein Meter – ist, dass der große Zeiger die Stunden anzeigt. Der kleine Zeiger ist eigentlich nur eine dekorative Verlängerung und läuft, wenn der große Zeiger sich im Uhrzeigersinn rechtsdrehend fortbewegt, einfach auf der anderen Seite mit. Auf der kleineren Uhr darunter werden die Viertelstunden angezeigt, die Minuten müssen geschätzt werden. Das hat schon bei manchem, der am Rathausturm die präzise Uhrzeit ablesen wollte, zu einem verwunderten Stirnrunzeln geführt. Eiligen sei deshalb empfohlen, sich eine andere Informationsquelle über die aktuelle Uhrzeit zu suchen.

Zum Alter der beiden Uhren haben Ulrich Kämpf und der Autor keine klaren Nachweise gefunden. Ob die Uhren den verheerenden Rathausbrand von 1959 überlebt haben? Damals war zwar der gesamte Dachstuhl in Brand geraten und es wurden weite Teil des oberen Stockwerks völlig zerstört. Auf Fotos unmittelbar nach dem Brand sind die

Uhren allerdings noch erkennbar. Sie dürften die Feuerbrunst also überstanden haben. Unklar bleibt dennoch, warum die Rathausuhr in ihrer Ausgestaltung zweimal im Abstand von wenigen Jahrzehnten geändert wurde.

Hubert Schöffel hat diesen Sachverhalt in seiner Publikation *Das Rathaus zu Schweinfurt* ebenso nicht aufklären können wie befragte städtische Stellen. Anhand alter Bilder lässt sich nur feststellen, dass die Uhr im 19. Jahrhundert noch mit zwei Zifferblättern ausgeführt war, Anfang des 20. Jahrhunderts dann in einer Ausführung mit nur einem, aber deutlich größeren Blatt. Mutmaßlich in den 1930er-Jahren hat sie wieder die Gestaltung mit zwei Blättern angenommen. Beide Uhren, wie ein Blick hinter die Kulissen bestätigte, werden heute von modernster Technik angetrieben – die Stunden und die Viertelstunden.

Zurück zur Vergoldungsaktion: „Ich habe mit dem Geschenk an die Stadt nur eine Familientradition fortgesetzt“, sagt Ulrich Kämpf heute ganz bescheiden. Das honorarfreie Vergolden sieht er auch als einen „Beitrag zum Erhalt von Historie“. Erledigt wurde die akribische Feinarbeit in der Werkstatt am Zeughaus. Wie kam die hoch über dem Marktplatz hängende Uhr runter und wieder zurück an ihren luftigen Platz? Am Rathausturm fanden damals andere Sanierungsarbeiten statt, es war ein Gerüst aufgebaut. „Wir haben die Gunst der Stunde genutzt“, verrät Ulrich Kämpf augenzwinkernd.

„Ich habe mit dem Geschenk an die Stadt nur eine Familientradition fortgesetzt.“

Hannes Helferich

So geht’s zur Rathausuhr:

Sie hängt unübersehbar hoch oben am Rathausturm.

Hinter dieser Tür ereignete sich einst Schreckliches.

35

Folterkammer

Die vermeintliche Hexe Anna Markert

Sie fluchte, ihre Ehemänner starben und Kühe gaben plötzlich Blut statt Milch: Weil sie als Hexe galt, wurde Anna Markert am 2. Oktober 1616 im so genannten „Schwarzen Loch" zu Tode gefoltert. Heute lässt das unscheinbare Holztor am Rathausbogen, das früher der Eingang zu jenem Gefängnis und der Folterkammer war, nicht erahnen, welch grauenvolle Taten sich hier abgespielt haben. Nur eine lateinische Inschrift am Holzbogen gibt einen kleinen Hinweis: *Oderunt peccare boni virtutis amore, oderunt peccare formidine poenae*, heißt es da. Was übersetzt bedeutet: „Die Guten hassen es zu sündigen aufgrund ihrer Liebe zur Tugend, die Bösen aus Angst vor der Strafe."

„Zwischen 1350 und 1750 wurden in Europa ungefähr 60.000 Menschen wegen Hexerei hingerichtet, 80 Prozent davon waren Frauen", erzählt die Schweinfurter Gästeführerin Claudia Helldörfer.

„Anna Markert war die erste Frau, die – historisch gesichert – in Schweinfurt als Hexe verstarb." Mit etwa 20 Jahren sei die junge Frau als so genannte Säumagd, also als Schweinemagd, in die Stadt gekommen, berichtet sie weiter. Sie habe recht schnell geheiratet, zwei Kinder bekommen, der Mann verstarb. „Da war sie Witwe mit zwei Kindern und heiratete wieder – den Peter Markert, mit dem sie nochmal zwei Kinder bekam." Aber auch dieser Ehemann starb nach nur wenigen Jahren der Ehe. Das erschien vielen Bürgern verdächtig, „vor allem, weil sie alles andere als ein sanftes Lämmchen gewesen sein soll", führt die Gästeführerin die traurige Geschichte weiter aus. So wird Anna Markert in historischen Dokumenten als „lautstark" beschrieben. „Sie soll laut geflucht haben, wenn ihr etwas nicht gepasst hat." Dies sei der Frau eines Tages zum Verhängnis geworden, erläutert Claudia Helldörfer, die sich für ihre Stadtführungen intensiv mit berühmten Schweinfurter Frauen aus verschiedenen Epochen beschäftigt hat.

Über Anna Markert berichtet die Gästeführerin, dass diese einen Nachbarn hatte, der Totengräber war und Kühe besaß. Als sie ihn um Milch für ihre Kinder bat, habe er dies verweigert. „Da ist sie furchtbar wütend geworden, hat laut geschimpft und geflucht. Nur wenige Tage später sollen die Kühe des Totengräbers furchtbar krank geworden sein und statt Milch Blut gegeben haben", so die Gästeführerin weiter. „Zudem starben zwei Kinder aus der Nachbarschaft aus unerfindlichen Gründen." Das konnte nur eines bedeuten: Eine Hexe war am Werk.

Die damals Mitte 40-jährige Anna Markert wurde angeklagt, laut Claudia Helldörfer sagte man damals „angesagt", und dann in Haft genommen – wahrscheinlich am 31. August 1616. Den Unterlagen nach kam sie erstmal ins Untersuchungsgefängnis. „Das waren zu jener Zeit die Keller der Häuser der Stadtknechte, links hinter dem Marktplatz, in der heutigen Stadtknechtsgasse. Bis Anfang Oktober hat man sie allein in einem solchen Keller gelassen. Schon das ist ja die Hölle", so die Gästeführerin. In ersten Verhören habe Anna Markert alles abgestritten. Dann kam die sogenannte „peinliche Befragung", bei der die Folter als Instrument eingesetzt wurde. Das Wort „peinlich", klärt die Gästeführerin auf, leitet sich von „Pein" – Schmerz – ab. Den Dokumenten zufolge wurde bei Anna Markert die Foltermethode des

Aufziehens angewandt: „Das heißt, ihre Hände wurden hinten am Rücken festgebunden, die Beine waren beschwert und sie wurde rückwärts hochgezogen in Richtung Decke.“ Dabei seien ihre Gelenke ausgerenkt worden. „Sie muss furchtbar geschrien haben und soll schnell ohnmächtig gewesen sein“, weiß die Gästeführerin. Dann sei sie wieder heruntergelassen und in den Keller zurückgebracht worden. „Als sie am nächsten Tag erneut zur Befragung abgeholt werden sollte, war sie bereits tot.“

Aber: Wer glaubt, das war die ganze Geschichte, der irrt. „Denn jetzt wird es ungewöhnlich“, macht die Schweinfurterin neugierig. „Normalerweise wurden solche Hexen – auch wenn sie schon tot waren – sofort verbrannt. Denn es galt, den Teufel komplett auszulöschen, damit die Seele nicht mehr zu Gott aufsteigen konnte.“ Bei Anna Markert waren sich die Ärzte aufgrund eines seltsamen Mals am Hals aber plötzlich unsicher. War dieses ein Zeichen dafür, dass der Teufel ihr das Genick umgedreht hatte? Oder war sie an einer natürlichen Todesursache – Epilepsie zum Beispiel – gestorben? „Dass die eigentliche Todesursache die Folter war, kam für sie natürlich nicht in Betracht“, fügt Claudia Helldörfer erklärend hinzu.

Claudia Helldörfer hat zur Geschichte der Hexen in Schweinfurt recherchiert.

Zwei Ärzte wurden hinzugezogen, darunter der berühmte Dr. Leonard Bausch (1574-1636), großer Humanist und Mediziner und Mitbegründer der Akademie der Wissenschaften, der Leopoldina, in Schweinfurt. „Auch er glaubte an Hexen, aber auch er war sich nach der Untersuchung Markerts nicht sicher, ob der Teufel schuld war oder nicht“, erzählt die Gästeführerin weiter. Um auf Nummer sicher zu gehen und sich nicht zu versündigen, wurde Anna Markert nicht als Hexe verbrannt, „sondern am nächsten Morgen von zwei Stadtknechten heimlich zum damaligen Siechenhaus hinausgebracht, in etwa dort, wo heute die Stadtgalerie ist. Dort hat man sie verscharrt."

Glücklicherweise, so berichtet die Stadtführerin, habe es in Schweinfurt nicht so viele Hexenverbrennungen gegeben wie zum Beispiel in Bamberg oder Würzburg. Bekannt seien 22 Hexenprozesse gegen 52 Personen. „Von ihnen wurden definitiv drei Menschen exekutiert. Zwei Männer und eine Frau." Sie seien mit dem Schwert hingerichtet und danach verbrannt worden. Weitere drei, darunter Anna Markert, starben an der Folter. Eine von ihnen, ein junges Mädchen, sei schon an ihrer Angst vor der Folter im Gefängnis gestorben. „Alle anderen Hexenprozesse sind entweder mit einem Freispruch, Stockhieben oder der Vertreibung aus der Stadt zu Ende gegangen."

„Alle anderen Hexenprozesse sind entweder mit einem Freispruch, Stockhieben oder der Vertreibung aus der Stadt zu Ende gegangen."

Historisch gesehen gilt Anna Markert zwar als erste „Hexe", die in Schweinfurt verstarb. „Symbolisch aber steht sie für all die anderen unschuldigen Menschen, vor allem Frauen, die ein ähnliches Schicksal erleiden mussten", sagt Claudia Helldörfer. Der Inschrift an der hölzernen Tür der Arkaden sollte im Gedenken an sie mit Demut begegnet werden.

Katja Glatzer

So geht's zur Folterkammer:

Die Holztür befindet sich an den Rathausarkaden, Markt 1, etwas unterhalb der Schweinfurter Tourist-Info 360°.

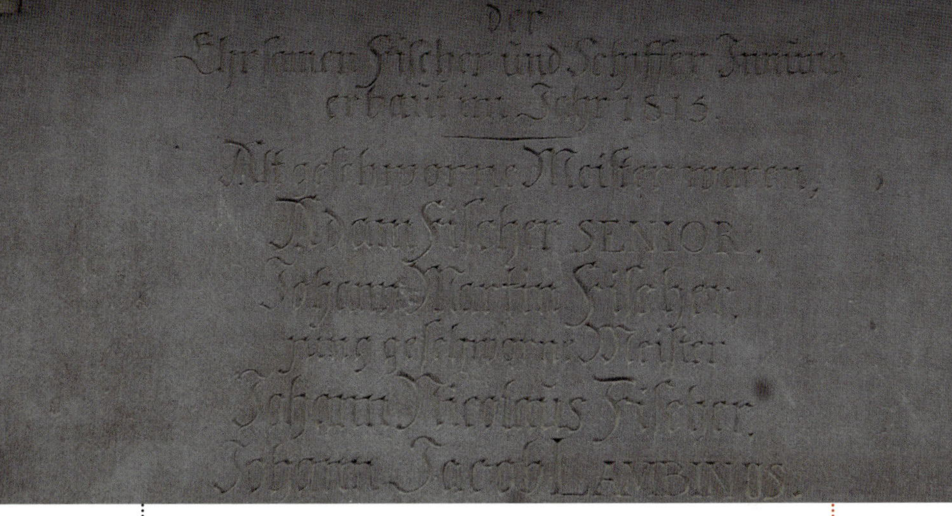

Die Inschrift auf der Tafel ist am ehemaligen Meisterhaus der Fischerzunft angebracht.

36

Inschrift

Einst vor den Toren der Stadt

Fischerrain, Fischersteig, Fischerpforte. Vieles erinnert in diesem Teil der Altstadt noch an die lange Tradition der Fischer. Auch das einstige Meisterhaus der Fischerzunft steht noch. An der Fassade im Fischerrain 54 ist unter den oberen Fenstern eine Steintafel angebracht. Sie trägt die Inschrift: *Zunfthaus der Ehrsamen Fischer- und Schiffer-Innung, erbaut im Jahre 1815, als geschworene Meister waren: Adam Fischer, senior, Johann Martin Fischer, junggeschworene Meister: Johann Nicolaus Fischer, Johann Jacob Lambinus.*

Die letzten noch im Vollerwerb tätigen Flussfischer auf dem Main sind die Dittmars. Vater Gerhard hatte 1966 das Kapitänspatent gemacht, blieb aber nicht Binnenschiffer auf Rhein oder Mosel, sondern wurde Fischer auf dem Main. Warum? Weil sein Vater Fischer war, weil die Fischer die älteste Zunft Schweinfurts sind und weil das

Fischrecht seit dem 15. Jahrhundert grundsätzlich auf den Sohn übergeht. Auch Gerhard Dittmars Sohn Frank ist Fischer, er setzt die Tradition fort, die aber möglicherweise eines Tages endet, weil Frank Dittmar keine Kinder hat.

Das erste Mal ist er im Alter von vier oder fünf Jahren mit dem Vater rausgefahren, hat also von der Pike auf gelernt, wie das Fischen von Hechten, Schleien, Rotaugen oder auch mal kleinen Meefischli aus dem Main geht. Jahr für Jahr, bei Wind und Wetter, fahren sie raus. Die Dittmars haben heute von Wipfeld bis nach Horhausen bei Haßfurt die Fangrechte. Früher durften sie – durch das Fischrecht seit 1282 durch kaiserliches Privilegium bezeugt – den Main von Bamberg bis Mainz befahren.

In Sachen Fisch ist auch Franks Mutter Ingeborg aktiv, die man in Schweinfurt nur als die Fisch-Inge kennt. Seit Mitte der 1980er-Jahre führt sie das Regiment im Laden – natürlich im Fischerrain, der eigentlich mehr eine Kultstätte ist. Ein schmaler Gang führt hinein, einfacher, kleiner Tresen, rechts die Küche, geradeaus ein gefliester Raum, im Sichtfeld ein Arbeitsbrett. Frank Dittmar bearbeitet gerade Saiblinge. „Aus dem Frischwasserbecken direkt zum Kunden“, sagt er, Gummistiefel an den Füßen und eine dicke weiße Schürze um den Bauch. Ohne Laden könnte die Familie nicht überleben. Verkauft wird, was die Fischer frisch heimbringen, aber auch Selbstgeräuchertes, Spezialitäten, die nicht aus ihren Netzen stammen, Forellen aus Rothenburg, Karpfen aus dem Aischgrund, Seefisch und Makrelen bringt ein Großhändler.

Möglicherweise der letzte Schweinfurter Fischer: Frank Dittmar vor dem Zunftzeichen.

Der Fischerrain ist ein sehr alter Stadtteil, „älter als die Stadt“, sagt Frank Dittmar. 791 wurde Schweinfurt erstmals urkundlich erwähnt. Hinter dem Ladengeschäft der Dittmars steht auf einem Kanaldeckel der Hinweis, dass hier bei Bauarbeiten Reste des ersten Stadtmauerrings freigelegt wurden. Die erste Fischersiedlung lag also noch außerhalb, mit der Stadterweiterung 1437 lag der Fischerrain dann innerhalb der Stadtmauern, berichtet Frank Dittmar.

Blütezeit war im 18. und Anfang des 19. Jahrhunderts, als immer mindestens 50 Mitglieder – also Familien – der Zunft angehörten. Sie waren einflussreich und stellten auch oft Ratsherren. Weil es aber schwierig war, 50 Familien mit der Flussfischerei zu ernähren, haben die Fischer seit Jahrhunderten auch immer zusätzlich als Schiffer und Sandschöpfer gearbeitet. Eine Tafel am Haus der Dittmars erinnert an die Schiffer- und Fischerdynastien samt der Zunftzeichen.

Wenige Meter vom noch stehenden Zunfthaus von 1815 entfernt gelangt man noch heute zum Main, dort befand sich dereinst auch die Fischerpforte. „Hier durften die Fischer die Stadt verlassen, um zu ihren Fischgründen zu gelangen", erzählt Frank Dittmar. Die Fischer konnten zu jeder Tages- und Nachtzeit hier ein- und ausgehen. Alle anderen Personen mussten, wenn sie eingelassen werden wollten, „Sperrgeld" bezahlen. Die Fischerpforte, auch Maintor genannt und dereinst einer der schönsten Stadttürme, musste ab 1852 dem Eisenbahnbau weichen, „der schleichende Beginn des Niedergangs der Fischerei in Schweinfurt", sagt Frank Dittmar.

An die lebendige Geschichte erinnert noch ein am Haus Fischerrain 32/34 erhaltenes Handwerkszeichen der Fischerzunft. Überliefert sind schließlich zudem Bräuche wie das Fischerstechen, bei dem auf dem Bug eines Kahns stehend versucht wird, das Gegenüber mit Stangen ins Wasser zu stoßen. Oder die Ringelrennen: Auf dem zugefrorenen Main trieb man einen Pfahl ins Eis und brachte eine Querstange an, an der man kleine, bemannte Schlitten befestigte. Durch schnelles Drehen wurden die auf dem Schlitten Sitzenden aufs Eis geschleudert.

Hannes Helferich

So geht's zur Inschrift:

Das Zunftschild befindet sich unter der oberen Fensterreihe des früheren Zunfthauses im Fischerrain, Hausnummer 54.

37

Relief

An der Peterstirn

Wenn im Sommer das alljährliche Weinfest stattfindet, Menschen lachen und sich zuprosten, ist die Magie dieses Ortes allgegenwärtig. Umgeben von Weinbergen auf einem Bergsporn des Hainbergs, der sich zwischen Main und Höllental entlangzieht, liegt im nordöstlichen Stadtteil Schweinfurts die Peterstirn. Eine Zufahrt, auf deren Tor das Wappen der Stadt abgebildet ist – der Adler – weist den Weg in das einzige städtische Weingut. Mancher Wanderer mag daran vorübergehen, ohne das steinerne Relief oberhalb des Tores zu bemerken, das für die Schweinfurter Historie so unerlässlich ist. Es zeigt den Heiligen Petrus sitzend, in der einen Hand einen Schlüssel, in der anderen ein Buch. Links und rechts von Petrus ist jeweils ein Stern abgebildet.

„Dieses Siegelbild des früheren Deutschordens erinnert an das Benediktinerkloster, das im 11. Jahrhundert unter dem Namen *Stella Petri* hier gestanden hat", erklärt Winzer Jürgen Dahms, der seit den 1980er-Jahren an diesem historischen Ort zusammen mit seinem Cousin Alexander Dahms in der dritten Generation ein Weingut betreibt. „Ich spüre immer wieder, wie besonders und energiegeladen dieses Fleckchen Erde ist", sagt er und beschreibt es als Keimzelle Schweinfurts: „Auf der Peterstirn begann die Geschichte der Stadt. Unweit von hier lag die älteste Siedlung, die 791 als *Suuinfurtero marcu* erstmals urkundlich erwähnt wurde." Seit Dahms an der Peterstirn lebt und arbeitet, ist es für ihn ein Stück Leidenschaft geworden, sich intensiv mit der Geschichte Schweinfurts zu beschäftigen. Seitdem engagiert er sich auch im Historischen Verein der Stadt.

„Um die Gründung des Klosters", erzählt er, „rankt sich eine interessante Geschichte." So befand sich oberhalb der ersten Schweinfurter Siedlung ab dem 10. Jahrhundert eine Burganlage, die Stammburg der Markgrafen von Schweinfurt. „Hier residierte Markgraf Berthold II., vor 941 bis 980, aus dem Hause der Babenberger, der mit Eilica,

Jürgen Dahms an der historischen Tür mit dem Wappen der Stadt Schweinfurt. Oberhalb ist das steinerne Petrus-Relief zu sehen.

kurz Eila, einer Tochter des 964 gestorbenen Grafen Lothar II. von Walbeck, verheiratet war. Nach dem Tod Bertholds habe dieser seinem Sohn Heinrich, der besser bekannt ist unter dem Namen Hezilo – was so viel wie *kleiner Heinrich* bedeutet –, ein beachtliches Erbe hinterlassen", weiß der Schweinfurter.

Allerdings sei es in der Schweinfurter Fehde von 1002/1003 zu einer großen Niederlage Hezilos im Machtkampf gegen den bayerischen König Heinrich II. gekommen, verrät der Winzer. „Dieser nämlich hatte ihm zunächst die Herzogswürde versprochen, dann aber wieder verwehrt." Es heißt, Hezilos Mutter Eila habe sich nach der Niederlage in der Burg eingesperrt, um diese und die angrenzende Siedlung zu retten, erklärt Dahms. Fakt ist, dass Eila unterhalb der Burg das Nonnenkloster „St. Peter" gründete – „wohl als Buße für den Aufstand ihres Sohnes", vermutet er. Mitte des 12. Jahrhunderts wurde das Kloster zum Männerkonvent der Benediktiner, ein Jahrhundert später übernahm es der Deutsche Orden.
Auf die Benediktiner gehe übrigens der Name Peterstirn zurück. Denn sie gaben dem Kloster den lateinischen Namen *Stella Petri*. „Aus Stella Petri, Stern des Petrus, wurde im Volksmund dann die *Peterstirn*."

Abgetragen, so erzählt der Geschichtskenner, wurden Festung und Siedlung dann nach und nach, als Mitte des 13. Jahrhunderts die Reichsstadt Schweinfurt (erste urkundliche Erwähnung 1254) im Westen unterhalb der Peterstirn entstand. Die historischen Steine seien in der Neustadt verbaut worden. Schließlich sei 1437 auch die Klosteranlage von der Stadt gekauft worden, Gebäude und Befestigungen wurden nach und nach abgetragen.

„Aus Stella Petri, Stern des Petrus, wurde im Volksmund dann die Peterstirn."

Faszinierend ist für Dahms und seine Familie, dass immer noch Fragmente der Klostermauern in ihrem Garten zu finden sind. „Es ist unglaublich, sich vorzustellen, wie die Menschen damals hier lebten", sagt der Winzer. Das burgähnliche Gebäude, das noch heute auf dem Privatgelände steht, sowie den Karlsturm mit seinen imposanten Wand- und Deckengemälden hat die Winzerfamilie dem Industriellensohn Carl Sattler (1818-1885) zu verdanken. Dieser erwarb das Grundstück und bebaute es in den Jahren 1871 bis 1874. „Dafür bin ich sehr dankbar, denn ihm gelang es, diese Mauerfragmente und weitere historische Bausubstanz in seine Bauten zu integrieren", zeigt sich Dahms beeindruckt. Schon bevor der Winzer 1994 das Grundstück erwarb, betrieb er gemeinsam mit der Familie Lebküchner den Weinberg. Diese hatte Generationen zuvor das Anwesen 1895 von der Familie Sattler erworben.

Beeindruckend findet Dahms auch, dass bei Ausgrabungen im Jahr 1852 – als die Bahntrasse gebaut wurde – unterirdische Gänge gefunden wurden. „Sie führten zu einer Gruft, in der man auf zwei steinerne Särge stieß", so Dahms. In einem Bericht des Internetportals Bayern Online heißt es dazu: „Der Deckel weist eine markante Verzierung in Form eines gestielten, griechischen Kreuzes auf, das von einer Arkade gerahmt ist. Eila, Mutter des Hezilo, hatte die Burgkirche inmitten des von ihr gegründeten Frauenklosters zur Grablege für sich und ihre Familie bestimmt."

Auch wenn heutzutage der Wanderer das in Privatbesitz befindliche Gelände nicht betreten kann, bei den alljährlichen Weinfesten, die auf der Peterstirn stattfinden, öffnet der Hausherr gerne Tür und Tor für seine Besucher und gibt Einblicke in die Historie. An diesem so geschichtsträchtigen Ort in herrlichem Ambiente schmeckt sicherlich auch der Wein gleich doppelt so gut.

Katja Glatzer

So geht's zum Relief:

Es befindet sich über der Toreinfahrt zum Anwesen Peterstirn 4. Auf dem Tor selbst ist das Adler-Wappen.

DIE SCHNÜDEL
1. HAUPTRUNDE

38

Schnüdel

Alle Schweinfurter heißen so

Schnüdel? Was das bedeutet? Da müssen erstaunlich viele, selbst eingefleischte Schweinfurter, passen. Stattdessen Achselzucken oder Vermutungen wie diese, dass der Rüssel einer Sau oder eine Schweinsblase gemeint sein könnte. Stimmt nur nicht. Den Namen „Schnüdel" haben die Schweinfurter und insbesondere die Fußballer des FC 05 Schweinfurt Fritz Stöcklein zu verdanken, *dem* Schweinfurter, der 1920 den schnürlosen Fußball kreierte und damit dem „Schnüdel" den Garaus machte. Die Idee, aus der Faust- und Fußball-Leidenschaft eines 20-Jährigen geboren, entwickelte sich zur epochalen Erfindung. „Jetzt spielt die ganze Welt mit dem schnüdellosen Ball," lacht Heinz Schröttle, langjähriger Abteilungsleiter der Schweinfurter Kicker.

Stöcklein war Leichtathlet bei der Turngemeinde 1848 und beim FC 05, er war Mitgründer und Vorsitzender der Schweinfurter Skizunft. Und er spielte mit Leidenschaft Faustball und Fußball. Die bei beiden Sportarten eingesetzten Lederbälle waren damals an einer Stelle hart verschnürt, ein Zipfel, die Verschnürung – kurz: der Schnüdel – ragte heraus. Kein wirkliches Vergnügen für den, der diese Stelle traf. Viele Fußballer und Faustballspieler konnten ein Lied singen von den blauen Beulen am Kopf, von aufgerissenen Händen oder dem lädierten Fuß nach einem Vollspannschuss aufs Tor.

„Ich kenne das, ich habe das als Fußballer selbst noch erlebt, das hat richtig weh getan", berichtet Heinz Schröttle. Der Ur-Schnüdel erinnert sich, dass die schmerzliche Begegnung mit dem Schnüdel selbst Kunstschützen „zur Verzweiflung trieb". Warum? Weil der Lederball – genau am Schnürpunkt getroffen – dann machte, was man heute auch dem Plastik-Fußball vorwirft: Er flatterte, flog unkontrolliert durch die Luft. Oder man denke an den Ballwart, der so seine Probleme hatte, den Schnüdel irgendwie unter das Leder des prall aufgepumpten Balles zu schieben.

Die Schweinfurter Fußballer des FC 05 sind die Schnüdel, Fußball-Abteilungsleiter Heinz Schröttle, hier im Sachs-Stadion, ist natürlich auch einer.

Der Schweinfurter Spenglermeister Fritz Stöcklein setzte all dem Übel ein Ende. Er knobelte aus, dass mit einem aus Messing-Blech selbst gebastelten Rückschlagventil, das in den unter dem Leder liegenden Gummiball geschraubt werden konnte, die Verschnürung überflüssig wurde. Ein Sattler aus den eigenen Sportlerreihen nähte das Leder nach den ersten Versuchen zu und – wie es in einem Zeitungsbericht voller Freude heißt: „Siehe da, der Ball hielt allen Anforderungen stand." Der schnurlose Ball flog oder rollte jetzt in die gewünschte Richtung. Bei einem Fehlschuss musste sich der glücklose Spieler also neue Ausreden ausdenken.

Schnüdel gibt es als Aufkleber, auf Bannern im Stadion und als Dekoration der FC 05 Geschäftsstelle.

Stöcklein meldete mit Unterstützung einiger Geschäftsleute seine Erfindung als Patent an, den schnürlosen „VAU-DE-Es"-Fußball. Patentnummer 356573. Und zwar für Deutschland, England, Luxemburg, Amerika, Dänemark, Belgien, Schweiz, Frankreich und Italien. Genau ist jeder Handgriff beschrieben: „Die zusammengerollte Gummiblase wird durch das Loch in die Lederhülle gesteckt, sodaß nur noch die runden Lederscheiben sichtbar sind."

Aber: Der junge Tüftler war noch zu unerfahren, um seine bahnbrechende Erfindung auch finanziell zu nutzen. Er verkaufte sein Patent 1920 an die Nürnberger „Sportartikel- und Schneeschuhfabrik Gutkind & Einstein". Drei Jahre lang hatte der Schweinfurter Handwerksmeister selbst bei dieser Firma gearbeitet. „Die Summe von 30 000 Mark, die von den 88 000 Mark Gewinn für Stöcklein abfiel, schluckte 1923 die Inflation", heißt es in einem Bericht von 1957. Millionär ist Stöcklein also nicht geworden, wenngleich er damals einräumte, dass er „doch sehr froh gewesen wäre, wenn ich etwas mit dem Geld hätte anfangen können".

In seiner Nürnberger Zeit hatte Stöcklein seine Frau Grete kennengelernt. Das Paar heiratete 1925, kehrte im gleichen Jahr nach Fritz Stöckleins bestandener Meisterprüfung auch in die Heimatstadt zurück und eröffnete eine Spenglerei mit Bootsbau in der Manggasse. Seinen 75. Geburtstag am 22. März 1975 konnte der Erfinder des schnurlosen Fußballs ebenso noch feiern wie die Goldene Hochzeit im gleichen Jahr. Er starb im Mai 1975 an Herz- und Kreislaufversagen. Seine Frau Grete folgte ihm 2004 im Alter von fast 100 Jahren nach.

Heinz Schröttle, der einstige technische Angestellte bei der Firma SKF, ist schon oft gefragt worden, was es mit dem Schnüdel auf sich hat. „Dann erzähle ich ganz einfach immer die Geschichte vom Fritz Stöcklein und seiner Erfindung", sagt er. Und wo begegnet man dem Schnüdel? „Überall, weil jeder Schweinfurter einer ist", lacht Schröttle.

Im Stadion stößt man an jeder Ecke auf den *Schnüdel* – auf dem Werbebanner auf der Gegengeraden, am Bratwurststand, am Eingang. Es gibt Schnüdel-Autoaufkleber, der FC 05 Fan-Shop in der City ist mit dem Wort dekoriert und – nicht zu vergessen – die Schals. Zum Anfeuern oder bei einem Tor halten die jubelnden Fußball-Fans das Stück Stoff mit der Aufschrift *Schnüdel* in den Himmel.

Hannes Helferich

So geht's zum Schnüdel:

Eigentlich begegnet man einem Schnüdel auf allen Wegen, weil die Schweinfurter so genannt werden. Im Sachs-Stadion am Stadtrand Richtung Niederwerrn findet man den Begriff überall.

D. T. O. M.
LAVS ET GLORIA
PACE POPVLO CHRIS-
TIANO PARTA
QVIETE IMPERIOROM
RESTITVTA
IVBILÆO OB ID SVIN
FVRTI ACTO
AO. S. M.D.C.L.AVGXIX.
MEMOR.ET.GRAT.ERGO
IOH.LAVR.BAVSCH.MD
M. P. C.

Jahreszahl

Schweinfurter Zeit versus Würzburger Zeit

Da stimmt doch was nicht, dachte sich Martina Barth, als sie in der Rolle der Magd Minna die in den Stein eingemeißelte Jahreszahl betrachtete. Martina Barth ist gebürtige und geschichtsbegeisterte Schweinfurterin, in die Rolle der mittelalterlichen Magd Minna schlüpft sie, wenn sie als Stadtführerin ihren Gästen eine besonders authentische Tour bieten will. Die Jahreszahl, die ihr komisch vorkam, hängt in einem Innenhof am Roßmarkt und hat mit dem Dreißigjährigen Krieg zu tun.

Schwedenkönig Gustav II. Adolf (1594-1632) beehrte Schweinfurt während des Dreißigjährigen Krieges (1618-1648) zwei Mal, nämlich im März und im Oktober 1632 mit seiner Anwesenheit, beim zweiten Mal verlebte er hier sogar vermutlich die letzten glücklichen Stunden seines Lebens: „Er traf sich hier noch einmal mit seiner Frau Maria Eleonore von Brandenburg, bevor er im November 1632 in der Schlacht bei Lützen fiel", sagt Martina Barth und fährt fort: „Wenn höhergestellte Persönlichkeiten in Schweinfurt nächtigten, wohnten sie nicht in Gasthäusern, die hätten ihnen niemals den gewohnten Komfort bieten können, sondern sie quartierten sich in den Häusern der Reichen ein." König Gustav II. Adolf wohnte dann am Marktplatz. „Das Haus ist leider zerstört", bedauert Martina Barth, „aber das Gebäude, in dem der schwedische Feldmarschall Carl Gustav Wrangel einquartiert war, steht noch." Und über der Hofeinfahrt ebenjenes Gebäudes steht die Jahreszahl, die Martina Barth Rätsel aufgab.

„Das Haus gehörte damals der Familie Bausch", beginnt sie zu erzählen. „Herr Bausch war Stadtphysikus und Apotheker und er war es, der diesen Stein anbringen ließ. Darauf ist das Datum 19. August 1650 vermerkt. „Das ist das Datum, an dem die schwedische Besatzungsmacht, zwei Jahre nach Ende des Dreißigjährigen Krieges, abzog", erklärt Barth. Obwohl es den Schweinfurtern unter dieser Besatzung relativ gut ging (siehe Geheimnis 12), war der Abzug der

Martina Barth hat viel über diesen geheimnisvollen Schlussstein recherchiert.

Schweden im August 1650 doch Grund zur Freude und Anlass, ein großes Friedensfest zu feiern. „Schließlich war Schweinfurt zum ersten Mal seit Jahrzehnten befreit“, unterstreicht Martina Barth, die in einer alten *Chronik* einen Bericht über das Fest gefunden hat: „Aber jetzt, nachdem auch der Vollzug des Friedens durch den Abzug der letzten Truppen besiegelt war, fühlte man das Bedürfniß, eine freie und würdige Friedensfeier zu begehen“, heißt es darin. Und weiter: „Der Rath der Stadt ordnete eine solche auf Montag den 29. August an. Zur Einleitung des Festes wurde am 27. August zur Vesper mit den Glocken geläutet, der Sonntag, 28. August, wurde als Buß- und Bettag behandelt. Das Dankfest selbst wurde am 29. August mit einem Gottesdienste begonnen, nach welchem die Glocken der Stadt eine halbe Stunde lang läuteten. Dann wurde aus allen Geschützen um die ganze Stadt ein dreimaliges Salve gegeben. Dazwischen bliesen die Thürmer von vier Thürmen Kirchenlieder, […]. Im Uebrigen ruhten an diesem Tage alle Geschäfte. So gab die Bürgerschaft der Stadt ihrem freudigen Gefühle Ausdruck, nun die Früchte des Friedens wirklich genießen zu können.“

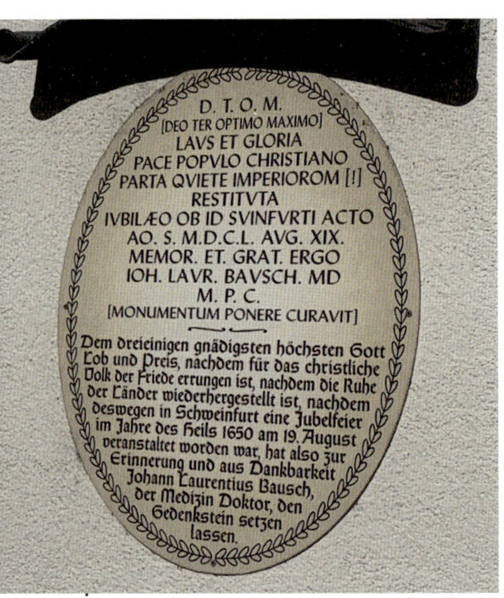

Das rätselhafte Datum.

Und da ist er schon, der Fehler: „In dieser Chronik ist, wie in allen anderen, die über das Fest berichten, der 29. August als Datum für das Fest angegeben, auf dem Stein, den Herr Bausch anbringen ließ, steht aber der 19. August.“

Beides ist richtig, hat Martina Barth, die sich mit dieser Frage lange befasst und dazu ausgiebig recherchiert hat, herausgefunden. „Irgendwann ist mir aufgegangen, dass alle Chroniken, die den 29. August angeben, ab dem 19. Jahrhundert entstanden sind. Also nach der Umstellung vom Julianischen zum Gregorianischen Kalender. Eingeführt wurde dieser 1582 von Papst Gregor XIII. (1502-1585) und zunächst einmal in den römisch-katholischen Staaten genutzt.

Notwendig war diese Umstellung geworden, da das julianische Jahr gegenüber dem Sonnenjahr um 11 Minuten und 14 Sekunden zu lang war. Deshalb betrug die Abweichung gegenüber dem Sonnenstand bereits im 14. Jahrhundert mehr als sieben Tage. Und damit konnte der Frühlingsvollmond nicht mehr korrekt bestimmt werden, von dem wiederum die Bestimmung des Osterfestes abhing. Durch die Erweiterung der Schaltjahrregel, dass der Schalttag beim Jahrhundertwechsel nur zur Anwendung kommt, wenn das betreffende Jahrhundert durch 400 teilbar ist, näherte er sich dem Sonnenlauf nahezu an.

Der Übergang vom Julianischen zum Gregorianischen Kalender erfolgte vom Donnerstag, den 4. Oktober, auf Freitag, den 15. Oktober 1582. Der Gregorianische Kalender wurde im katholischen Würzburg schon 1582, im protestantischen Schweinfurt aber erst im Jahr 1700 eingeführt. Die beiden benachbarten und konkurrierenden Städte hatten also 118 Jahre lang eine unterschiedliche Zeitrechnung.

Als die Schweinfurter den Abzug der Schweden feierten, datierte man hier noch julianisch. Als die Chroniken entstanden, bezogen sich die Autoren aber schon lange selbstverständlich auf den Gregorianischen Kalender, der dem Julianischen um zehn Tage voraus ist. Das ist der Grund, warum auf dem Stein über dem Durchgang zum Innenhof ein anderes Datum steht als in den Chroniken. Stimmen tun sie beide.

Eva-Maria Bast

So geht's zur Jahreszahl:

Sie befindet sich im Innenhof des Gebäudes Roßmarkt 3 über dem Torbogen.

Freitreppe

Reformationspredigt im Windschatten

„Am 11. Juni 1542 wurde der entscheidende Schritt auf dem Weg zur Reformation in der Freien Reichsstadt gemacht", sagte der Schweinfurter Dekan Oliver Bruckmann 2017 bei den Feierlichkeiten anlässlich 475 Jahre Reformation in Schweinfurt in der Sankt Johanniskirche. Der lutherische Pfarrer Johannes Sutellius (1504-1575) war 1542 vom hessischen Landgrafen Philipp I. (1504-1567) aus Göttingen nach Schweinfurt entsandt worden und hielt an diesem Tag die erste evangelische Predigt. Das aber nicht in der noch unter katholischer Aufsicht stehenden Johanniskirche, sondern in Sankt Salvator, zu diesem Zeitpunkt noch Liebfrauenkirche genannt.

Christa Weinzierl aus dem Kirchenvorstand von Sankt Salvator kennt die bewegte Vorgeschichte der Reformation in Schweinfurt, die allerdings schon anno 1532 durch die Gassen wehte, als die Reichsstadt Schweinfurt zum Kongresszentrum reichsweiter Verhandlungen wurde. Kaiser Karl V. (1500-1558) hatte sich um eine Einigung zwischen den im Reichstag vertretenen katholischen und protestantischen Landesherren des Heiligen Römischen Reichs Deutscher Nation bemüht. Einen Streit innerhalb des Reiches konnte er nicht brauchen, da von außen die Osmanen herandrängten. Die zunächst im thüringischen Schmalkalden geführten Verhandlungen wurden dann zu Ostern 1532 nach Schweinfurt verlegt.

Einer der prominentesten Gäste war Kurprinz Johann Friedrich (1503-1554) von Sachsen. In seinem Gefolge hatte er den Hofprediger Georg Spalatin (1484-1545) dabei. Der Freund und Mitstreiter Martin Luthers (1483-1546) war auch ein feuriger Redner und „das hatte sich offensichtlich in Schweinfurt herumgesprochen", berichtet Christa Weinzierl. Die Menge der herbeieilenden Zuhörer war jedenfalls so groß, dass die Liebfrauenkirche sie an Ostern 1532 nicht hätte fassen

Das Kirchenvorstandsmitglied Christa Weinzierl steht an historischem Ort.

können. So musste man nach draußen ausweichen. Spalatin sprach von der Freitreppe, die außen zur Empore der Kirche hinaufführte, herab zu den Menschen.

Wie ging die evangelische Geschichte in Schweinfurt weiter? Die Reichsgrößen zogen ab, aber das neue Gedankengut hatte viele Schweinfurter erfasst, was sich allein schon daran zeigte, dass in immer mehr Kirchen Gottesdienst nach evangelischem Ritus gefeiert wurde. Auf Beschluss des Stadtrats wandte Schweinfurt sich dann auch offiziell der neuen Lehre zu. Die Reichsstadt bat den lutherisch gesonnenen Landgrafen Philipp I. von Hessen um Beistand sowohl bei der Umsetzung der Reformation als auch gegen etwaige Übergriffe des nahen katholischen Fürstbischofs von Würzburg, Konrad III. (1490-1544).

Die Salvatorkirche im Stadtteil Zürch.

Im Zuge dieser tiefgreifenden Veränderungen kam dann, wie erwähnt, im Jahr 1542 auch Sutellius an den Main. Fünf Jahre sollte er als Pfarrer in der Liebfrauenkirche tätig sein. 1548 begannen unruhige Zeiten durch den Zwist mit dem katholischen Kaiser. Denn der schlug den Schmalkaldischen Bund, das Bündnis der protestantischen Fürsten und Städte, auf dessen Seite Schweinfurt gestanden hatte. Die Stadt wurde verurteilt, feindliche spanische Truppen zu beherbergen, die vehement auf katholischen Messen bestanden. Kaiser Karl V. konnte die Vertiefung der längst durchgesetzten Reformation in Schweinfurt zwar noch etwas hinauszögern, zurückdrehen ließ sich das Rad der Geschichte jedoch nicht mehr.

Und wie kam es zum Namen Salvatorkirche, der nach St. Johannis ältesten Kirche in Schweinfurt? Ihr Ursprung liegt im 14. Jahrhundert, als die Henneberger Burg im Zürch eine Burgkapelle erhielt. Nach Umbauten und Erneuerungen wurde sie 1412 zur Liebfrauenkirche geweiht. Altarraum und Sakristei, die heute noch bestehen, stammen aus dieser Zeit. Beim großen Stadtverderben 1554 wurde sie schwer zerstört, nur ihr Chorraum überstand den verheerenden Stadtbrand.

Notdürftig wiederaufgebaut diente sie dann als Lagerraum für Geschütze, später für Mehl – und bekam im Volksmund deshalb den Namen „Mehlkirche". Zuletzt war sie auch Lager für Kriegsgefangene. Wegen ihres heruntergekommenen Zustands beschloss der Stadtrat anlässlich des 200. Jubiläums von Luthers Thesenanschlag in Wittenberg im Jahr 1717 den Neuaufbau – unter Beibehaltung des alten Altarraums und der Sakristei.

Am 11. Juni 1719 wurde die Kirche dem „salvator mundi", dem Retter der Welt, geweiht, seither heißt sie Salvatorkirche. Seit damals hat der Turm auch seine charakteristische doppelte Kuppelhaube, deren Spitze von einem Posaune blasenden Wetter-Engel geziert wird: „Der Engel ist das Zeichen für eine Reformationsgedächtniskirche", sagt Christa Weinzierl.

An die Liebfrauen-Zeit erinnert die zur Kirche führende Frauengasse. Nach Spalatin ist das Kindergarten-Gebäude neben der Kirche benannt. An Spalatin und Sutellius erinnern Straßennamen im Stadtteil Steinberg.

Hannes Helferich

So geht's zur Freitreppe:

Die Kirche Sankt Salvator steht im Stadtteil Zürch, Frauengasse 1. Die Treppe befindet sich links vom Gotteshaus.

In 18 Metern Höhe prangt der Gedenkstein am Kirchturm.

41

Gedenksteine

Erinnerungssteine an der Turmwand

Eigentlich braucht man ein Fernglas, um genau zu erkennen, was in 18 Metern Höhe am Turm der Kirche von St. Johannis geschrieben steht. Wiltrud Wößner braucht keins. Sie kennt die Inschrift auf den Gedenksteinen, die dort eingelassen sind. Der linke nennt den Tag der Zerstörung der Kirche im Markgräflerkrieg, der rechte Stein trägt die Inschrift *Anno 1560 den 10. IVNII* und erinnert damit an den Wiederaufbaubeginn des Turmes, der am 24. August 1562 mit der Fertigstellung des Kupferdaches beendet war.

Wenn Wiltrud Wößner über die furchtbare Katastrophe spricht, die am 13. Juni 1554 über die Stadt Schweinfurt hereinbrach, läuft ihr ein Schauder über den Rücken. Es ist ein emotionales Thema, das die Kirchenkennerin sehr bewegt. „Die Reichsstadt brannte ganze neun Tage lang und das mittelalterliche Schweinfurt wurde – jedenfalls oberirdisch – fast komplett zerstört.“ Als einzige mittelalterliche Bauten überstanden St. Johannis schwer beschädigt und das Chörlein der Salvatorkirche die Katastrophe.

Selbst die Schäden, die die Stadt im Zweiten Weltkrieg erlitten habe, hätten nicht dasselbe Ausmaß gehabt wie der Untergang der Stadt im 16. Jahrhundert. „Betrachten wir heute die historischen Bauten Schweinfurts, zeigt sich, dass hier nur der Stil der Renaissance zu finden ist. Alles wurde erst nach dem Stadtverderben von 1554 erbaut“, sagt Wößner, die selbst in St. Johannis getauft und konfirmiert wurde.

Das äußerst Tragische an der Geschichte: Schweinfurt sei schuldlos in den Konflikt mit hineingezogen worden, habe sozusagen für etwas büßen müssen, das es nicht selbst ausgelöst hatte, erklärt Wößner. Denn geschichtlich ist belegt, dass die Wut der Hochstifte Würzburg und Bamberg, der Reichsstadt Nürnberg und des Herzogs von Braunschweig sich gar nicht gegen die Stadt Schweinfurt selbst richtete, sondern vielmehr gegen den Markgrafen Albrecht Alcibiades von Brandenburg-Kulmbach, der sich mit seinem Heer gewaltsam in Schweinfurt festgesetzt hatte. Als dieser sah, dass seine Lage aussichtslos war, sei er des Nachts mit seinem Heer über den Main in Richtungen Kitzingen geflohen. „Dort ereilte ihn aber kurz darauf seine endgültige Niederlage.“

Trotzdem musste Schweinfurt büßen, „man glaubte wohl, dass die Bewohner doch einen Bund mit dem Markgrafen geschlossen hatten“. Wie Wiltrud Wößner auch in ihrem Buch *Johannisgeschichten* schildert, strömten aus der Umgegend wütende Bauern heran, legten Brände und plünderten, was das Zeug hielt, „auch als die Heerestruppen schon längst die Verfolgung des Markgrafen aufgenommen hatten“.

Was aber geschah mit St. Johannis? Wie in einem Bericht des Ratsherrn Kilian Göbel beschrieben wird, wurde der Kirchturm genau am 1. Mai 1554 mit zwölf Kartaunen beschossen, erklärt Wößner. Kartaunen waren zu damaliger Zeit moderne Waffen, die zum „Mauerbrechen“ benutzt wurden und mit Eisenkugeln von 12 bis 20 Kilogramm schossen.

Das zeigte natürlich fatale Wirkung: Die Turmruine hatte auf der Ostseite ihre Bruchkante etwa beim Übergang vom dritten zum vierten

Turmgeschoss. Im Westen ragte die Ruinenmauer etwa zwei Meter höher. „Deswegen gehen wir davon aus, dass der Turm nach dem Beschuss nach Osten gekippt ist."

Der Kirchturm von St. Johannis erzählt Geschichte.

„In dem großen Stadtbrand brannte auch der Dachstuhl der Johanniskirche ab." Die Gewölbe von Chor und Querhaus hielten Stand, das Langhaus jedoch war nach oben offen, „woraus wir schließen können, dass auch schon vor dem zweiten Stadtverderben das Langhaus eine hölzerne Flachdecke besessen haben muss". Das habe natürlich lichterloh gebrannt. Was den Zustand im Inneren angeht, weiß Wiltrud Wößner, dass der Altar im Chor und die Kirchenstühle der Zerstörung entgangen sind.

Auf die Gedenksteine in 18 Metern Höhe wurde man nach der Turmsanierung von 2001 wieder aufmerksam. „Sie sind schon in Chroniken früherer Zeit erwähnt, aber durch die Sanierung konnte man sie wieder sehen und fotografieren." Für Wiltrud Wößner ein wunderschönes Relikt, um die verheerende Schweinfurter Katastrophe nicht zu vergessen. Und gleichzeitig ein Mahnmal, „dass sich so etwas nie wiederholt".

Katja Glatzer

So geht's zu den Gedenksteinen:

Läuft man vom Rathausplatz kommend der Schauseite der evangelischen Kirche St. Johannis am Martin-Luther-Platz 1 entgegen, stößt man rechter Hand auf den Glockenturm. An der Ostseite des Turmes befinden sich in 18 Metern Höhe unterhalb eines Gesimses die Gedenksteine.

Lust zu heiraten? Hier fanden einst weltliche Trauungen statt.

42

Brautportal

Zur Verschönerung der Brautthüre

Auf zum Traualtar? Für die meisten Menschen ist dieser Weg einer der wichtigsten ihres Lebens – für Schweinfurter wie für alle anderen. Was viele Schweinfurter Paare aber nicht wissen: St. Johannis hat ein wundervolles Brautportal, unter dem im Mittelalter die weltlichen Trauungen stattfanden, bevor es fürs kirchliche Ehegelübde ins Innere des Gotteshauses ging.

„Wahrscheinlich erfolgte damals auch der Einzug zur Brautmesse durch das schöne Brautportal", erzählt die Schweinfurter Kirchenkennerin Wiltrud Wößner und ergänzt: „Später, wir wissen nicht genau wann, hat man den längeren Einzugsweg durch die Mittelachse der Kirche vorgezogen." Nach wie vor zähle das von Ornamenten der Spätromanik und mehreren Fabelwesen geprägte Südportal „zu den hervorragendsten plastisch ausgestalteten Kirchenportalen der ersten Hälfte des 13. Jahrhunderts im süddeutschen Raum". Doch das Portal ist nicht nur kunsthistorisch relevant und für Brautleute romantisch, auch eine kuriose Geschichte ist damit verbunden.

Um sie zu berichten, bringt Wiltrud Wößner die beiden Portalfiguren ins Spiel: Rechts gibt Johannes der Täufer den Heiratswilligen beste Wünsche mit auf den Weg, links grüßt sein Namensbruder, der Evangelist Johannes. Die Schweinfurterin, die vollkommen zu Recht als wandelndes Lexikon in Sachen Kirchengeschichte von St. Johannis gilt, weiß, dass die beiden Figuren nicht aus derselben Zeit stammen. Und genau das ist der Knackpunkt, warum sich um dieses Brautportal eine etwas eigenartige Geschichte rankt, in der auch ein Haßfurter Künstler eine Rolle spielt.

In seinem Kirchenführer *St. Johanniskirche Schweinfurt* von 1971 nimmt der verstorbene Schweinfurter Stadtarchivar und Bezirksvorsitzende des Frankenbundes Unterfranken, Dr. Erich Saffert, an, dass die rechte Täufer-Figur zeitgleich mit dem Portal entstanden ist, die linke Figur des Evangelisten aber viel moderner sei. „Er präzisiert das und beschreibt, dass sich die Figur 1836 noch nicht am Portal befand, aber 1906 in einem Aufsatz erwähnt wurde“, sagt Wößner.

In diesem Aufsatz, der 1906 im *Schweinfurter Tagblatt* erschienen war, schmeckte es dem Autor Friedrich Beyschlag nicht, „dass der strengen, wuchtigen Täufergestalt aus der Zeit der Romanik ein modern und theatralisch posierender Apostel Johannes zur Seite gestellt“ wurde. Wößner: „Sogar von stilistischer Sünde war die Rede.“

Die Schweinfurterin ging weiter auf Spurensuche. In den Akten im Dekanatsarchiv stieß sie auf einen Aktendeckel mit der Aufschrift *Zur Verschönerung der Brautthüre*. Demnach kam in Kreisen der Gemeinde um 1890 die Idee auf, der Brauttüre eine zweite Statue hinzuzufügen. Zu lange hätte die Täuferfigur allein das Portal geschmückt – wenngleich, so Wößner, Aufzeichnungen belegten, dass es bereits eine zweite Figur gegeben hat. „So nahm Friedrich Beyschlag an, dass sich schon allein aus Symmetriegründen auf der anderen Seite eine Figur befunden haben muss, die vielleicht schon im Stadtverderben zu Grunde ging“, gibt Wiltrud Wößner dessen Begründung wieder.

Für die neue Figur wurde also der Evangelist als Gegenstück zum Täufer auserkoren. Bildhauer Joseph Metzger (1848-1925) aus Haßfurt fertigte einen Entwurf, für den er 300 Mark haben wollte. In den

Unterlagen fand die Kirchenkennerin ein Dokument des damaligen Pfarrers Paul Friedrich Schattenmann, der schrieb: „Bei der bewährten Tüchtigkeit des Meisters ist eine würdige Ausführung zu erwarten, und man darf hoffen, dass das schöne Portal der Kirche eine Zierde unserer Stadt werden wird." Mit dieser Meinung stand Schattenmann allerdings eher alleine da. Denn, so weiß Wiltrud Wößner: „In der Regel war die Beurteilung Metzgers durch seine Zeitgenossen eher zurückhaltend, so ist in den Dokumenten zur Verschönerung nachzulesen, dass Metzger für seine moderne Darstellung massiv kritisiert und wie ein Student der Bildhauerklasse behandelt wurde." An die Giebelfiguren des Rathauses, so hieß es, habe man ihn keinesfalls lassen wollen.

Den Zuschlag für die Skulptur bekam er trotz warnender Gutachten. Doch der nächste Skandal folgte sogleich. Laut Wößner wurde die Regierung von Unterfranken und Aschaffenburg informiert, „dass beim Aufstellen der Sandsteinfigur am Brautportal eine stützende Konsole eingelassen wurde, durch die das wertvolle romanische Portal bedeutenden Schaden erlitt". Metzger habe sich gegen die Vorwürfe verwahrt und darauf verwiesen, dass die Bruchflächen schon sehr alt seien. Ein Nachbellen der Regierung – so erzählt es Wiltrud Wößner – blieb dennoch hörbar. „Die Figur Metzgers galt nicht als Meisterwerk und löste keine große Begeisterung aus." Sie selbst findet: „Die Evangelisten-Figur stellt zwar für sich betrachtet keine bildhauerische Großtat dar, dennoch hat das Brautportal durch sie gewonnen. Und darum ging es schließlich bei der Verschönerung der Brauttüre."

Zwar schreitet heute kein Brautpaar mehr durch das Portal in die Kirche oder wird davor getraut, aber ein schönes Fotomotiv – vor oder nach dem Ehegelübde – ist das historische Brautportal allemal.

Katja Glatzer

So geht's zum Brautportal:

Vom Marktplatz kommend auf die Schauseite der Kirche St. Johannis am Martin-Luther-Platz 1 zugehen: Dort ist das Südportal.

Galgen Rad u. Rabenstein
Böser Buben Warnung seyn.
Auch zur Warnung mir u. Dir
Dieser Donnerkeil hängt hier.
1627.

43

Donnerkeil

Ein Meteorit, der wohl nie vom Himmel fiel

Die Inschrift ist eine einzige Drohung: *Galgen Rad u. Rabenstein / Böser Buben Warnung sein. / Auch zur Warnung mir u. Dir / Dieser Donnerkeil hängt hier!* Hajo Lehr, Ex-Polizist, Ur-Schweinfurter und als Autor selbst erlebter Lausbubengeschichten stadtbekannt, kennt den Donnerkeil mit dem deftigen Spruch darauf, der ihm als Buben „schon ein wenig Angst eingeflößt hat".

Das furchterregende Teil hängt im Innenhof des Gebäudes Obere Straße 24, im Volksmund „Roth' sches Haus" genannt. Festgemacht ist der Donnerkeil an einer Kette. Von Generation zu Generation wurde weitergetragen, es handele sich dabei um einen vom Himmel gefallenen Meteoriten. Immer wieder taucht diese Schilderung in Büchern beziehungsweise Chroniken auf. „Eine Geschichte, fast zu schön, um wahr zu sein", sagt Lehr, weil er eher glaubt, dass sie erfunden ist.

Das 1588 vom wohlhabenden Ratsherrn Johann Schopper (1557-1600) erbaute Haus wurde 1832 zur Braustätte. 1862 übernahm es die Familie Roth, die Brauerei trägt bis heute diesen Namen. Der neue Besitzer Robert Roth (1828-1899) soll den vermeintlichen Meteoriten zur Überprüfung an das Generalkonservatorium in München geschickt haben. Eine Analyse ergab, dass es sich bei dem Stein um einen vom Mainwasser rund geschliffenen Quarz handelt. Allerdings liegen keine Aufzeichnungen über diese Untersuchung vor. Am 24. Februar 1944 zerstörte dann eine Weltkriegsbombe große Teile des Hauses. Verschwunden war auch der angebliche Meteorit. Der Donnerkeil, der heute dort hängt „seit ich denken kann", wie Lehr einschiebt, ist ein Imitat – aus Holz. Wer diesen Donnerkeil anfertigte, ist unbekannt.

Lehr weiß, dass der Donnerkeil einen im wahrsten Wortsinn besonderen Zweck hatte: Warnung sein. Der Stein soll nämlich, so die den Kindern erzählte Legende, erkannt haben, ob jemand die Wahr-

Hajo Lehr hat sich als Kind vor dem Donnerkeil gefürchtet.

heit sagt oder eben nicht. „Wenn es daheim Probleme gegeben hat und zum Beispiel einer gelogen hat, dann drohten die Eltern dem Spross mit einem Gang zum Donnerkeil“, berichtet Lehr. Den Kindern sei weis gemacht worden: Wenn man drunter steht, vorher gelogen hatte, das aber nicht zugibt, dann fällt einem der Stein auf den Kopf.

Der Donnerkeil mit seinem so bedrohlichen Text.

Diese „außergewöhnliche erzieherische Maßnahme ist bei einem Eltern-Kind-Konflikt freilich immer das letzte Mittel gewesen“, weiß Hajo Lehr. Und wer ein reines Gewissen hatte, der konnte sich ja problemlos hinstellen und „hatte nichts zu befürchten“. Aber wehe, es war anders. „Kein zweites Mal musste der Sünder gebeten werden, nun doch mit der Wahrheit herauszurücken“, sagt Lehr und er schmunzelt dabei vielsagend. Gleichwohl sei das für „uns damals ein ehrfurchtsvoller Ort gewesen“. Als Kind und Lausbub, der er mal war, habe er jedenfalls die Mär vom Donnerkeil „lange geglaubt“.

Hannes Helferich

So geht’s zum Donnerkeil:

Im Innenhof der Gaststätte Zum Roth, Obere Straße 24, hängt das Relikt rechts an der Wand.

Oberbürgermeister Sebastian Remelé hat die merkwürdigen Zeichen eines Tages entdeckt.

44

Steinmetzzeichen

Für die Ehre und für den Geldbeutel

Wenn Oberbürgermeister Sebastian Remelé im Rathaus unterwegs ist, hat er es meistens eilig. Denn der Terminkalender des Stadtoberhauptes ist rappelvoll, ein Termin jagt den nächsten. Da bleibt wenig Zeit, die Umgebung genauer in Augenschein zu nehmen. Und wenn doch, gibt es in dem von Nikolaus Hofmann (um 1510/15-1592) in den Jahren 1570 bis 1572 erbauten Renaissance-Gebäude so viel zu sehen, dass es nicht unbedingt die kleinen, unscheinbaren Dinge sind, denen man Beachtung schenkt. Warum sollte man auch das Gewinde eines Treppenhauses näher in Augenschein nehmen? In der Tat befindet sich aber genau dort ein – sehr kleines –Relikt. Und als Remelés Blick einmal zufällig doch darauf fiel, stutzte er und betrachtete das merkwürdige, runenartige Zeichen genauer. Wie das so ist im Leben: Wenn der Blick einmal für etwas geschärft ist, fallen einem derlei Dinge mehr auf. So ging es auch dem OB mit der runenartigen Einritzung: Kurz darauf entdeckte er weitere solcher Zeichen: in der Rathausdiele, wo sie im Sockel der prächtigen Säulen eingeritzt sind. Neugierig geworden, begann das Stadtoberhaupt zu recherchieren. „Das sind Steinmetzzeichen", hat der OB herausgefunden. Will heißen: eine Art „Gütesiegel", mit dem der Steinmetz kundtat, dass er diesen Stein gehauen hat – wie ein Künstler ein Bild signiert, haut ein Steinmetz am Ende sein individuelles Zeichen ein.

Auch in den Sockeln der Dielensäulen finden sich die Steinmetzzeichen.

Zeichen wie diese sind auch häufig an ganz normalen Mauerquadersteinen im Außenbereich von Bauwerken zu finden – denn sie hatten noch einen weiteren, ganz praktischen Zweck: Sie dienten der Abrechnung. Ein Steinmetz stapelte die Quader, die er behauen hatte, und versah die obere Reihe mit seinem Zeichen. So konnte der Meister am Zahltag genau erkennen, welcher Stapel zu welchem Steinmetz gehörte, wie viele Steine er gehauen hatte und ihn nach Stück bezahlen. Jeder Lehrling einer Bauhütte bekam nach seiner fünfjährigen Ausbildung ein solches Steinmetzzeichen, das er wohl selbst entwerfen durfte und das nicht mehr geändert werden konnte. Manche Quellen sagen, dass sich die Steinmetzzeichen einer Bauhütte allesamt ähnelten und voneinander abgeleitet wurden. Dadurch habe man erkennen können, wo ein Steinmetz gelernt hatte, denn die Angehörigen dieses Berufsstandes gingen viel auf Wanderschaft.

„Bei schweren Verstößen gegen die Bruderschaft“ habe das Steinmetzzeichen aufgehoben werden können, schreibt Alfred Schottner in einer Abhandlung über die mittelalterlichen Dombauhütten. Darin erklärt er auch: „Das Zeitalter der etwa von 1250 - 1500 andauernden ‚himmelsstürmenden Gotik‘ war zugleich die hohe Zeit der Steinmetzzeichen. An den aus jener Epoche noch vorhandenen Bauwerken sind sie zu Hunderten abzulesen, wobei die Stabform mit Abzweigen bzw. Ästen vorherrscht.“ Also genau solche Zeichen, wie sie verschiedentlich im Rathaus zu finden sind. Und auch das passt zu den Zeichen: „Sie sind keilförmig eingeschlagen und an den Enden prismatisch abgeschlossen.“

Übrigens: Wurde ein Steinmetz zum Meister, durfte er sein Zeichen in ein Wappen setzen – und wenn die Nachfahren ebenfalls Baumeister waren, übernahmen sie das Wappen meistens. Durch derartige Kennzeichnungen war es möglich, das Wirken einer Baumeisterfamilie über viele Jahrhunderte hinweg zu verfolgen, zumal diese sich oft stolz selbst ein Denkmal setzten, indem sie das Wappen deutlich sichtbar, zum Beispiel auf Schlusssteinen, anbrachten.

Deshalb sind solche Wappen – und auch ganz einfache Steinmetzzeichen – für die Erforschung von Bauwerken von großer Bedeutung. Zum Teil lässt sich an ihnen sogar die Baugeschichte sowie die Organisation auf einer historischen Baustelle ablesen. Das sieht man den winzigen Zeichen im Rathaus gar nicht an. Remelé findet: „Unglaublich faszinierend, was für eine große Geschichte hinter solch einem kleinen Zeichen steckt.“

Eva-Maria Bast

So geht’s zu den Steinmetzzeichen:

Sie befinden sich im Rathaus im linken Treppenhaus am Gewinde und in der Rathausdiele im Sockel der Säulen. Auch in der Johanniskirche sind sie immer wieder zu entdecken.

Der einstige Rüfferturm trägt wegen der Schrotfabrikation seit 1818 den Namen Schrotturm. Erbaut wurde er von 1611 bis 1614. Daran erinnert diese neben dem Turm eingemauerte Inschrift.

45

Schrotturm

Vom Bürgerhaus zur Schrotfabrik

Vom Zweiten Weltkrieg schwer gezeichnet, boten der Schrotturm und die ihn umgebenden Häuser lange Jahre ein trauriges Bild. Am 13. Juli 1990 wurde das Ensemble, seit 1978 im Besitz der Stadt, nach umfassender Sanierung unter großer Anteilnahme der Bevölkerung übergeben. Heute ist der Schrotturm das Wahrzeichen der südlichen Altstadt. Und wegen seiner bewegten Geschichte fester Bestandteil der Stadtführungen. Gästeführerin Karla Wiedorfer weiß gar nicht, wie oft sie die Treppenstufen bis hinauf ins achte Stockwerk des Schrotturms schon unter die Füße genommen hat, der seinen heutigen Namen erst viel später erhielt.

Bauherr des Turms war Balthasar Rüffer III. (1569-1637). Die vermögende protestantische Kaufmannsfamilie Rüffer hatte 1588 im Zuge der Gegenreformation durch Fürstbischof Julius Echter (1545-1617) das Bistum Würzburg – wie hunderte andere Familien – als so genannte Glaubensflüchtlinge verlassen müssen und fand Aufnahme in Schweinfurt. „Die Rüffers konnten den größten Teil ihres beträchtlichen Vermögens ins Exil retten und machten Karriere in Schweinfurt", berichtet Karla Wiedorfer.

Erbaut wurde der Turm zwischen 1611 und 1614. Die Jahreszahl *1611* trägt das Türgewände samt den Initialen *BR*, für Balthasar Rüffer, eingemauert im Südflügel des Hauptgebäudes gleich neben dem Turmeingang. Die Jahreszahl *1614* ist auf einer gemalten Supraporte – dem Feld über einer Tür – im zweiten Stock des Turms zu finden. Bei der Errichtung des Schrotturms durch Rüffer „zu Anfang des 17. Jahrhunderts handelt es sich sicher nicht um einen Neubau", schreibt der ehemalige Leiter der Städtischen Sammlungen, Dr. Erich Schneider, in der Broschüre der Stadt zur erfolgreichen Sanierung. Schweinfurt war damals im so genannten Zweiten Markgräflerkrieg (1552-1554) zerstört worden. Der Turm steht auf den Resten älterer Bauteile, die 1554 stehen geblieben waren. Der Mode der Renaissance entsprechend wurde er als Treppenturm mit steinerner Wendeltreppe gebaut, der die beiden Gebäudeflügel erschloss.

Gästeführerin Karla Wiedorfer beschäftigt der Schrotturm und seine Geschichte seit vielen Jahren.

Zeitsprung ins frühe 19. Jahrhundert, genauer ins Jahr 1818, als aus dem Rüfferturm der Schrotturm wird: Der ehemalige Orgel- und

Instrumentenbauer Johann Christian Voit (1784 -1841) hatte das Anwesen mutmaßlich 1817 erworben und ließ den Turm um vier Stockwerke auf acht erhöhen, weil selbiger sich ab einer solchen Höhe hervorragend für die Herstellung von Schrot eignete. Beschrieben ist das in einer zeitgenössischen Enzyklopädie von 1828 so: „[...] man verfertigt dasselbe, indem man geschmolzenes Bley von einer Höhe von 150 Fuß herabfallen läßt, welches während des Falls eine vortreffliche runde Form bekommt, und im Wasser aufgefangen wird." An der Turmsüdseite wurde ein rechteckiger Schrotfang angemauert und die Schmelzkessel für das zu verarbeitende Blei eingebaut. Dieser neue vierstöckige Aufbau wurde durch eine hölzerne Treppe erschlossen.

Voits Fertigung florierte rasch. „Er sollte zu einem der vermögendsten Unternehmer jener Zeit von Schweinfurt werden", berichtet Karla Wiedorfer. Er war sich seines Erfolgs auch bewusst, führte beispielsweise 1828 in einer Eingabe an den Stadtmagistrat aus: „Meine Verhältniße als Besitzer und Führer der Schrotfabrick dahier sind dem hohen Stadtmagistrat zu bekannt als daß ich nöthig hätte solcher näher zu detailliren."

Dieses Verfahren zur Herstellung von Schrotkugeln war damals modernste Technologie. Schrottürme entstanden im 19. Jahrhundert in Industrienationen weltweit. „Schweinfurt hat mit seinem Schrotturm ein Alleinstellungsmerkmal vorzuweisen, denn er ist innerhalb Deutschlands wohl der älteste noch existierende Turm zur Fertigung des so genannten Patentschrotes", weiß Karla Wiedorfer. Alle anderen noch vorhandenen Schrottürme begannen etliche Jahre später mit der Fertigung und haben auch keine Überreste der alten Technik vorzuweisen. Ausnahme ist der Schrotturm in Hannoversch Münden, ebenfalls ein umgebauter alter Stadtturm. Aber auch dort begann die Schrotfertigung erst 20 Jahre nach Schweinfurt.

„Schweinfurt hat mit seinem Schrotturm ein Alleinstellungsmerkmal vorzuweisen, denn er ist innerhalb Deutschlands wohl der älteste noch existierende Turm zur Fertigung des Patentschrotes."

Die Schrotfabrikation in Schweinfurt wurde nach Voits Tod im Jahr 1841 fortgesetzt. Sie endete 1911. Nach einem weiteren Besitzerwechsel wurde 1913 „leider der Schacht des Schrotfanges abgerissen", bedauert die Gästeführerin. Aber zumindest die alte manuell betriebene Lastenaufzugstechnik im obersten Stockwerk blieb teilweise erhalten. 1978 erwarb die Stadt den gesamten Komplex.

Obwohl das Anwesen in den letzten Tagen des Zweiten Weltkriegs schwer beschädigt wurde, finden sich im Inneren noch heute originale Fresken der Erbauungszeit. Auch ihre Entstehung lässt sich durch Inschriften auf das Jahr 1614 festlegen. Dieses Datum findet sich in der gemalten Türeinfassung im zweiten Obergeschoss zusammen mit Rüffers Leitspruch *Soli Deo Gloria* und bei der Supraporte im gleichen Stockwerk: *Ein Hertz von reu und / leidt gekrenckt mit Christi / Geyst und pludt besprengt / voll glaub lieb und guttem / vorsatz ist Gott dir / allergeneigst / Schatz / 1614*. Am Turm hatte Rüffer auch sein Wappen anbringen lassen, das – wohl seinen Reichtum ausdrückend – drei Geldsäcke zeigte.

Dieses Wappen existiert bis heute im obersten Stockwerk des alten historischen Teils als weitere Supraporte. Genauso wie die Sinnsprüche *Trau schau wem* und – zur Erheiterung vieler Besucher – *vertrawe Gott alles / den menschen wenich / den weiber gar nichts,* woran man sehen kann, dass „sich der Humor des 17. Jahrhunderts von dem mancher heutiger Zeitgenossen gar nicht so sehr unterscheidet", schmunzelt Karla Wiedorfer.

Im Schrotturm haben heute – sehr passend – der Historische Verein Schweinfurt und die Rückert-Gesellschaft ihren Sitz. Im Schrotturmkeller befindet sich eine Kleinkunstbühne. Die Räume im Seitenflügel nutzt unter anderem die Volkshochschule.

Hannes Helferich

So geht's zum Schrotturm:

Vom Rathaus aus via Altstadthof zur Petergasse 5.

Wildpark

Mit einem Wildschwein fing alles an

Die Tradition zoologischer Gärten in Schweinfurt reicht bis ins 19. Jahrhundert zurück. Der „Verein der Tierfreunde Schweinfurt“ hatte schon 1869 auf einem Gelände im Bereich der heutigen „Trinkwasserhochbehälter Teilberg“ mit seltenen Hühnern, Tauben, Stallhasen, Meerschweinchen und Affen einen der ersten Privat-Tiergärten Süddeutschlands geschaffen, der weithin Beachtung fand, schreibt der mit der Geschichte seiner Heimatstadt vertraute Paul Ultsch in seinem Buch *Damals in Schweinfurt*.

1880 wurde der kleine Tiergarten in die Wehranlagen verlegt, wo er zu einem richtig großen Zoo heranwuchs. Erst 1944 bereitete dem „Tiergarten an der Pfinz“ ein Bombenangriff das jähe Ende. Nach 20 Jahren Pause entstand dann in den 1960ern der heutige Wildpark. Wenn er den Begriff auch nicht im Namen trägt, ein Zoo ist auch der Wildpark, was sich allein daran festmacht, dass die heute rund 450 Tiere im Waldgebiet im Norden der Stadt nach den zoologischen Richtlinien der EU gehalten werden, berichtet Wildpark-Leiter Thomas Leier. Schweinfurt ist – wegen der zeitlichen Unterbrechung mal ein Auge zugedrückt – eigentlich die älteste Zoo-Stadt Bayerns. Hellabrunn München wurde erst 1911, der Tiergarten Nürnberg 1912 gegründet.

Bei den Planungen für die „Walderholungsanlage Drei Eichen“ war freilich an Tierhaltung nicht gedacht. „Schön, dass es anders gekommen ist“, sagt Leier, der seit 1994 für den Waldspielplatz, den späteren Wildpark, tätig und heute dessen Leiter ist. Die Idee zum 1962 begonnenen Bau als Freizeitanlage hatte der damalige Forstdirektor Armin Schleyer. Den Mittelpunkt bildete eine Wasserzone mit Planschbecken, gebaut wurden ein Bolzplatz, Sandkästen, eine Minigolfanlage und eine Bocciabahn, weshalb in Schweinfurt nur vom „Waldspielplatz“ gesprochen wurde. Im Mai 1966 wurde die Anlage vom dama-

Seit Jahrzehnten leitet Thomas Leier den Wildpark, hier befindet er sich in der „Burg Schweinstein“, dem Wildschweingehege.

ligen Oberbürgermeister Georg Wichtermann (1909-1997) eröffnet. Nach vielen Erweiterungen übergab 1977 sein Amtsnachfolger Kurt Petzold (1936-2020, beide SPD) das Areal als „Walderholungsanlage Eichen" der Öffentlichkeit.

Dass es dort zu diesem Zeitpunkt bereits Tiere gab, hat mit „Ocno" zu tun, einem Wildschwein. Mitte der 1960er hatten sich Soldaten der 30th US-Infanterie einen Frischling als Maskottchen gekauft. Als der zum Keiler herangewachsen war, schenkten die Soldaten – mangels Unterbringungsmöglichkeit – das Wildschwein dem Forstmeister Schleyer. Der wiederum brachte „Ocno" zunächst in einem umzäunten Innenhof neben dem „Waldspielplatz" unter. Ende 1965 bezog „Ocno" dann ein stabileres Domizil beim Wasserreservoir. Mit Gefährtin „Susi" wurde 1966 eine Familie daraus. Es war das Geburtsjahr des Wildparks, der diesen Namen offiziell allerdings erst seit 2003 trägt. „Eine in Schweinfurt stationierte US-Einheit änderte also den Lauf der Geschichte", lacht Leier.

Nochmal zurück zum einstigen Zoo in der Wehr. Im Tiergarten waren neben einheimischen Tieren auch viele Exoten vertreten: Löwen, Tiger, Geparden, Pumas im Raubtierhaus, auch eine Hyäne. Besonders stolz waren die Schweinfurter Tierfreunde auf die damals einzige Zebrahaltung. Es gab auch einen Pelikan, „Hannes hieß der", merkt Wildparkleiter Leier mit einem an den Autor gerichteten Schmunzeln an.

Im Wildpark leben derzeit rund 450 Tiere. Jedes Jahr kommen über 600.000 Besucher.

Wäre alles anders gekommen, wenn der Zoo am Main den Zweiten Weltkrieg überdauert hätte? Nicht ausgeschlossen. Denn: Gleich nach Kriegsende hatte sich der bekannte Zoologe und Dokumentarfilmer Professor Bernhard Grzimek (1909-1987) als Pächter und Betreiber beworben. Er hatte sogar schon einen Ausbauplan für einen großen Zoo in Schweinfurt erarbeitet. Es wurde aber nichts daraus.

Man munkelt, dass Nürnberg und München etwas gegen sein Engagement in Schweinfurt hatten. Grzimek wurde später Zoodirektor in Frankfurt.

Der Schweinfurter Zoo in den Wehranlagen war 1949 verwaist, er verfiel zusehends. Die meisten Gebäude wurden dann 1955, letzte Reste in den 1970er-Jahren, abgebrochen. Im Wildpark ging es demgegenüber kontinuierlich bergauf. Auf „Ocno" und „Susi" folgten als nächste Bewohner Hirsche aus Österreich, dann ein Häschen-Paar, zwei Rehe aus dem Forst bei Volkershausen, ein Damwildpaar aus dem Tierpark bei Sulzfeld. 1974 wurde ein erstes kleines, im Jahr 2006 ein neues großes Luchsgehege eröffnet. Die Hochlandrinder „Fred" und „Wilma" bildeten mit anderen Huftieren ab 2000 eine Rindviecher-AG. Seit 2004 leben Elche im Wildpark. Sie sind heute das Wappentier. Leier: „Durch den Zuzug unserer Elche nahm die Erfolgsgeschichte des Wildparks deutlich an Fahrt auf!"

Wie wichtig den Menschen der Wildpark ist, zeigt sich an vielem, etwa an dem Engagement der derzeit 45 Hauptsponsoren, dem Förderverein „Freunde des Wildparks e.V." und den vielen Spendern und Spenderinnen bei den diversen Aktionen. Vor allem aber an der Besucherzahl: Auch dank des freien Eintritts kommen jährlich über 600.000 kleine und große Menschen aus nah und fern in den Wildpark nach Schweinfurt. Zum Vergleich der Zoo in der Wehr: Er zählte im Jahr 1903 rund 4.000 Besucher. Als 1928 der erste Löwe die Attraktion war, kamen 19.300. Das Rekordjahr in der Wehr war 1937 mit 22.267 Besuchern. Der Zoo Wildpark ist also eine einmalige Erfolgsgeschichte, die 1869 begann.

Hannes Helferich

So geht's zum Wildpark:

Aus der Stadt via Deutschhöfer Straße Richtung Bad Königshofen. Kurz vor dem Stadtausgang ist der Wildpark links schon beschildert.

Eingang ins unterirdische Reich: Architektin Karin Fuchs vor dem schwarzen Eisentor, das sich in der historischen Mauer befindet.

47

Unterer Wall

Der Schwedenkönig im unterirdischen Reich

Manch einer geht achtlos an dem großen, schwarzen Eisen-Tor vorbei, das sich im historischen Mauerwerk befindet, manch anderer mag sich neugierig fragen, was wohl hinter diesem Tor verborgen liegt. Eine, die das Geheimnis lüften kann und deren Herz für die Stadtgeschichte brennt, ist Karin Fuchs.

„Hier am Ufer des Marienbachs entstand Ende des 12. Jahrhunderts wohl unter kaiserlichem Schutz das heutige Schweinfurt mit seinen Befestigungsanlagen“, erzählt die Architektin. Es sei ein großes Glück, dass die Stadtmauer – so wie sie zu Zeiten der Stadterweiterung

1437 entstanden ist – trotz der Zerstörung der Markgräflerkriege noch zu einem großen Teil im Original erhalten geblieben ist. Laut Fuchs trafen die Verwüstungen des Schweinfurter Stadtverderbens 1554 den Südosten des Mauerrings – den heutigen Unteren Wall – jedoch hart. „Als die Befestigungsmauer wiederaufgebaut wurde, wurde sie mit einem aufgeschütteten Erdwall verstärkt“, weiß sie zu berichten. Von da an führte ein Umlauf über das Schweinfurter Mühltor – der heute leider nicht mehr existiert – vom Oberen zum Unteren Wall. Nach Abbruch des Mühltors legte man Ende des 19. Jahrhunderts auf beiden Seiten Steintreppen als Aufgänge zu den Wallanlagen an.

„Es existierten viele geheimnisvolle unterirdische Gänge durch die Stadt, viele davon sind aber auch nicht mehr erhalten“, sagt die Architektin. Wann genau die Gänge dort entstanden sind, „liegt leider im Dunklen“. Belegt sei aber, dass der Schwedenkönig Gustav Adolf (1594-1632) in Zeiten des Dreißigjährigen Kriegs im 17. Jahrhundert fasziniert und begeistert war von diesen Gängen und Treppen zwischen Graben und Wall, die durch die Türme führten. „Es gibt einige Dokumente, in denen berichtet wird, dass er sich lieber in den dunklen Gängen der Befestigungsanlagen aufhielt, als in die Stadt zu gehen“, erzählt die Schweinfurterin und ein Lächeln huscht ihr übers Gesicht.

Karin Fuchs vor einem der beiden Pulvertürme.

Der nördliche Zugang, der heute mit einer schwarzen Eisentür verschlossen ist, war bis vor einiger Zeit offengelegt, allerdings durch die Wand des direkt dort angrenzenden Ringgaragengebäudes nicht zugänglich. „Von hier aus kam man in ein weit verzweigtes Kellersystem, das unterirdisch vom ehemaligen Café Beyer bis hin zur Brauerei Hartmann am Wall reichte.“ Die teilweise zweigeschossigen Kelleranlagen wurden außerdem im Zweiten Weltkrieg als Luftschutzbunker genutzt, da es in der Innenstadt keine Bunkeranlagen gab. „Auch meine Großeltern, die ein Geschäft in der Spitalstrasse hatten, kamen hierher. Die Schweinfurter fühlten sich hier bei Luftangriffen sicherer als im eigenen Keller, da die Schutzkeller sehr tief unten waren." Diese habe man aber entfernt, als man die neue Tiefgarage gebaut hat, erklärt die Architektin. Heute sei der Gang hinter der eisernen Tür leider nur noch wenige Meter begehbar.

Nur ein Stück weiter erhebt sich einer der zwei Pulvertürme, die zwischen 1371 und 1402 errichtet wurden, über den Wall. „Die Mauertürme wurden zu dieser Zeit zur Lagerung von Schießpulver genutzt, daher auch der Name", erläutert Karin Fuchs. Im Untergeschoss des nördlichen Turmes sticht ebenfalls eine schwarze Eisentür aus dem Mauerwerk hervor – eine zweite Tür, die in das verzweigte Kellerlabyrinth führt. Die Architektin weiß, dass hier ein Zugang in Richtung der Brauerei Hartmann zutage kam, allerdings sei dieser schon länger zugemauert. Im oberen Teil des Turms befindet sich heute eine Weinstube, das „Türmle". Über den südlichen Turm indes gelangte man nach oben auf den Wall und weiter in den Stadtteil Zürch.

Auch wenn der Spaziergang heutzutage nicht wie beim Schwedenkönig unterirdisch stattfindet, ist das Flanieren durch die Befestigungsanlagen an der frischen Luft es allemal wert.

Katja Glatzer

So geht's zum Unteren Wall:

Steht man vor der Tourist-Info Schweinfurt 360 Grad am Marktplatz, geht es geradeaus die Rückertstraße entlang, bis diese die Straße Am Mühltor kreuzt. Dort rechts ab zum Unteren Wall mit seinen Befestigungsanlagen, wo man auf das erste Eiserne Tor in der Mauer stößt. Einige Meter weiter gelangt man zu den Pulvertürmen und einem zweiten Tor, das heute zugemauert ist.

Der Löwenkopf hat auch die Weltkriegsbomben heil überstanden.

48

Löwenkopf

Mit grimmigem Gesichtsausdruck

Auf historischen Fotos und alten Postkarten ist der im 16. Jahrhundert errichtete Renaissance-Bau in der Oberen Straße 24 noch in der einstigen Pracht abgebildet. Am 24. Februar 1944 zerstörte eine Sprengbombe alles oberhalb der Erdgeschossdecke. Wiederaufgebaut wurde das Juwel vor allem aus Kostengründen nicht mehr. Aus der Enstehungszeit erhalten ist deshalb nur das, was sich dereinst im Erdgeschoss befand: Inschriften und Wappen im Hofeingang und außen an der Fassade ein Löwenkopf. Grimmig schaut er von der Hausecke herab auf die Passanten in der Oberen Straße. Aber was wissen wir vom Löwen?

Edgar Borst, Chef der Brauerei Roth und Verwalter des Gebäudes im Besitz der Erbengemeinschaft Roth, kennt den Löwenkopf natürlich. Dessen Mähne war kürzlich leicht zerzaust – ein Brummifahrer hatte die Größe seines Lkw unterschätzt. „Der Löwenkopf ist längst wieder repariert", sagt Borst, der froh ist über den Coup des Schweinfurt-Kenners Peter Hofmann. Der ersteigerte nämlich 2011 im Internet eine am 25. März 1882 in der *Deutschen Bauzeitung* veröffentlichte Beschreibung über die *Renovation des Roth'schen Hauses*. Seitdem ist über das Haus einiges mehr bekannt, inklusive Löwenkopf.

Autor der Schrift ist Architekt Jacob Lieblein, der im Juli 1877 mit der Renovierung des Gebäudes beauftragt war. Er war in Frankfurt tätig, stammt aber aus Schweinfurt. Vielleicht eine Erklärung für den Stil der Schilderung, die eine einzige Liebeserklärung ist: Jedem Besucher der Stadt „wird dieses Haus [...] wohl im Gedächtnisse sein". Ausführlich geht Lieblein auf die Fassadengestaltung ein, was vielleicht hilft, wenn das Haus eines Tages doch wieder im Original aufgebaut würde.

Liebleins Beschreibung ist auch Geschichtsunterricht. Er erwähnt die dereinst im Giebel und zwischen den Fenstern angebrachten, aber leider vernichteten Wappen alter Schweinfurter Bürger-Geschlechter, die Porträt-Medaillons der Schweinfurter Ärzte Johann Michael Fehr (1610-1688) und Johann Laurentius Bausch (1605-1665), im Jahr 1652 Mitgründer der heutigen Deutschen Akademie der Naturforscher Leopoldina. Ein Porträt zeigt auch Johann Höfel (1600-1683), einen der wichtigeren Nachbesitzer des 1588 vom Ratsherrn Johann Schopper (1557-1600) errichteten Gebäudes.

Brauereichef Edgar Borst vor dem Gebäude in der Oberen Straße 24. Er zeigt auf den Löwenkopf.

In der Beschreibung zum Erdgeschoss wird auch unser Löwe erwähnt, über den bisher nichts bekannt war: „Über den Fenstern sind wuchtige, ungleich weit vorspringende Konsolen ausgekragt, auf welche sich Stichbögen mit geraden Kämpferansätzen in reicher Profilierung aufsetzen; die Zwickel über den Bögen sind reich ornamentiert. Die Ecke ist unten gebrochen, wird jedoch unmittelbar unter dem Bogenfries mittels eines Löwenkopf-Konsols in einen rechten Winkel übergeführt."

Dass sich Lieblein in der Schrift von 1882 ausführlich auch den Besitzverhältnissen widmet, mag erstaunen. Er erinnert daran, dass Höfel „Mitbegründer umfangreicher Weinkultur" gewesen sei. Tatsächlich gab es in dem Haus mal eine Weinwirtschaft, ehe Nikolaus Baumann es 1832 zur Braustätte machte. Nach dem frühen Tod des Gründers der heutigen Brauerei Roth im Jahr 1852 verkaufte seine Frau Wilhelmine Haus und Brauerei 1854 an Georg Christoph Glaser, der es wiederum 1862 an seinen Schwiegersohn Robert Roth (1828-1899) weiterveräußerte. Seitdem trägt die Brauerei den Namen Roth. Lieblein widmet auch Robert Roth und der Nutzung nun als Brauerei einige Zeilen: „Die anderen Motive am Gebäude wiesen zumeist in launiger Weise auf das Brauerei-Gewerbe des jetzigen Besitzers hin."

Noch ein Blick in die Brauerei-Chronik, wo 1933 – also Jahre vor der Totalzerstörung – von größeren Baumaßnahmen berichtet wird: „Der Giebel bis über den 1. Stock musste abgerissen und dem vorherigen Erscheinungsbild entsprechend mit neuen Steinen wieder aufgebaut werden." Von einem Löwenkopf leider kein Wort.

Wahrscheinlich ist, dass der Löwe schon seit dem 16. Jahrhundert in der Hausecke sitzt und alle Unbilden ebenso heil überstanden hat wie das „Wappen des Erbauers und seiner Frau mit dem Einhorn", wie Lieblein 1882 notiert hat. Gemeint ist Johann Schopper, der Bauherr von 1588. Nur Insidern dürfte bekannt sein, dass dieses Wappen heute die Etiketten aller Roth-Biere ziert. Und noch das: Die einst von Robert Roth im Erdgeschoss geschaffene Gaststätte, die außen der Löwenkopf ziert, trägt seit kurzem wieder den Namen der letzten Schweinfurter Brauerei. Sie heißt „Zum Roth".

Hannes Helferich

So geht's zum Löwenkopf:

Er befindet sich außen am Anwesen Obere Straße 24 an der Ecke zum Oberen Wall.

Elisabeth Faustmann ist in der über 600-jährigen Geschichte der Stadtapotheke die erste Apothekerin, die die Leitung inne hat.

49

Stadtapotheke

Älter als das Rathaus

Standort, Alter, Interieur, Besitzverhältnis: Eigentlich alles ist an dieser Apotheke außergewöhnlich. Kaum einem der vielen Menschen, die täglich an der einstigen Rats- und heutigen Stadt-Apotheke vorbeilaufen, dürfte bekannt sein, dass sie – weil schon 1412 gegründet – älter ist als das von Nikolaus Hofmann (1536-1590) in den Jahren 1570 bis 1572 erbaute Rathaus.

Wer weiß schon, dass die Räume der Stadt-Apotheke an der Ecke Marktplatz/Brückenstraße zwar den östlichen Rathaus-Turm tragen, aber nicht der Stadt, sondern seit Anfang des 19. Jahrhunderts den jeweiligen Apothekern gehörte und gehört. Seit 1933 befindet sich die

Stadtapotheke im Eigentum der Apothekerfamilie Faustmann. Elisabeth Faustmann führt die Traditions-Apotheke seit 1984 in dritter Generation. Mit ihr steht erstmals in der über 600-jährigen Geschichte eine Apothekerin an der Spitze. Das Besondere ihrer Stadt-Apotheke ist ihr sehr bewusst und erklärt ihre Begeisterung für die Geschichte, Geschichten und Anekdoten, die sich im von ihr gepflegten Familienarchiv befinden.

1412. In Frankreich kommt am 6. Januar jenen Jahres Jeanne d'Arc zur Welt. Und in Schweinfurt, gerade mal 2.000 Einwohner groß, trifft der um die Gesundheit seiner Bürger besorgte Rat der Stadt die Entscheidung, eine eigene Apotheke einzurichten, was natürlich Gründe hat: Auf den Märkten in und vor der Stadt tummeln sich viele Quacksalber und Scharlatane, die vermeintliche Heilmittel bedenklichen oder oft unwirksamen Inhalts gutgläubigen Kunden für viel Geld andrehen. Der Rat der Stadt stellt deshalb die für damalige Verhältnisse stattliche Summe von 5.000 Gulden zur Verfügung, „um das Apothekenwesen zu regeln und in der Hand zu behalten und auf leichte und wohlfeile Weise gute Arzneien zu beschaffen". Die Rats-Apotheke betreibt die Stadt in eigener Regie als Monopolunternehmen.

Über ihre Zeit bis zum Stadtverderben 1554 gibt es keine Unterlagen mehr, sie wurden beim damaligen Brand vernichtet. Bekannt ist nur, dass es eine Apotheke gab und auch dieses Haus zerstört wurde. Laut Einträgen in den Bauamtsrechnungen von 1559 und 1560 musste der Apotheker deshalb mit einer „behelfsmäßigen Bude" hinter den damals noch auf dem Marktplatz stehenden Fleischbänken vorlieb nehmen. 1569 erwarb die Stadt „zur besseren Unterbringung ihrer Gemeinheitsapotheke" die „Behausung" eines gewissen Hans Wagner an der Ecke Markt/Brückenstraße, also am heutigen Standort. 1570 begann der Rathaus-Neubau, das ehemalige Wagner'sche Haus wurde laut Familienchronik „mit dem Rathaus zu einer Einheit verbunden".

Zeitsprung: 1739 kaufte die Stadt, „da die Apotheke an Zimmern großen Mangel hatte", das Nachbarhaus in der Brückenstraße hinzu.

Zur Apotheke gehörte damals noch ein Heilkräutergarten. Er befand sich zwischen dem so genannten Gerberstieglein nahe dem alten Brückentor und der Ziegelhütte, also nahe dem Main. 1802 wurde die Stadt dem bayerischen Staat einverleibt, auf Drängen des

Übernahmekommissars mussten Apotheke, Nebenhaus und Gärtlein verkauft werden. Im Frühjahr 1805 war es so weit: Die Rats-Apotheke ging erstmals in privaten Besitz über, der Apotheker Johann Andreas Sixt erwarb Apotheke und Nachbarhaus für 20.000 Gulden.

Unter den Sixt noch folgenden Besitzern waren einige Persönlichkeiten. Etwa der Apotheker und Chemiker Friedrich Wilhelm Ruß (1779-1843). Er stellte mit dem befreundeten Fabrikanten Wilhelm Sattler (1784-1859) im Jahr 1814 das Schweinfurter Grün her. Oder der Magistratsrat und Apotheker Georg Friedrich Degner (1782-1832). Er erfand 1817 das erste aus Steinkohle hergestellte Leuchtgas. „Es brachte später auch die Schweinfurter Straßenlaternen zum Leuchten," berichtet Elisabeth Faustmann.

Mit Straßennamen erinnert Schweinfurt an diese drei und einige weitere Berühmtheiten, die zur Freien Reichstadt-Zeit mit der Stadtapotheke zu tun hatten. Wie etwa Dr. Leonhard Bausch (1574-1636), Erbauer des Bauschenturms am Roßmarkt, und sein Sohn Johann Lorenz Bausch (1605-1665), Mediziner, Mitbegründer und erster Präsident der Leopoldina.

Das Gründungsdatum findet sich im Wappen über dem Eingang zur Stadt-Apotheke.

Beide waren als Ratsherren eine Art Aufsicht über die Apotheken. Dieser Stadtphysikus kümmerte sich unter anderem um das Preisgefüge. Eine solche von Leonhard Bausch erstellte Preisliste von 1614 verrät, dass es damals in der Apotheke nicht nur Arzneien zu kaufen gab, sondern auch Zucker, Kaffee, Wein, Heringe, Tinte, Rauchkerzen. Und – zumindest aus heutiger Sicht – auch Kuriositäten wie spanische Mucken, gebrannte Schwalben, geschabtes Heuschreckenbein oder Regenwürmeröl.

Elisabeth Faustmann hat im Familienarchiv auch einen später zu Ruhm und Reichtum gekommenen Schweinfurter entdeckt: Friedrich Jacob Merck (1621-1678) war Geselle in der Stadtapotheke. Wie die

Chronik verrät, erhielt er 1640 „für besonderen Fleiß 20 Reichsthaler". Merck ging nach seiner offensichtlich fruchtbaren Ausbildungszeit in Schweinfurt nach Darmstadt, gründete dort die Engel-Apotheke, die den Grundstein für das heutige pharmazeutische Welt-Unternehmen Merck in Hessen bilden sollte.

1933 übernahmen die Familien Diem/Faustmann die Stadtapotheke. Apotheker Wilhelm Diem, der aus Krumbach stammte, starb aber schon 1943. Seine Frau Magdalena, weil Nicht-Apothekerin, verwaltete die Apotheke lediglich nach seinem Tod noch bis 1953, dem Jahr, in dem sie die Leitung auf ihren Schwiegersohn übertrug, den in Schweinfurt geborenen Apotheker Wilhelm Faustmann. Und 1984 wechselte der Stab, wie oben schon erwähnt, auf die Schwiegertochter Elisabeth Faustmann, die zuvor bundesweit in verschiedenen Apotheken tätig war, ehe sie Inhaberin einer der ältesten Apotheken Deutschlands wurde. In Bayern sind nur in Nürnberg (1302), Würzburg (1323) und Rothenburg (1474) frühere Gründungen bekannt.

Die Tradition spürt der Besucher der Apotheke an jeder Ecke. In den Gewölben der Offizin, dem Verkaufsraum, hängen die Wappen aller Stadttore, ins Auge fallen die alten Arzneistandgefäße. Im Labor hat sie die heute nicht mehr benötigten Utensilien so wie dereinst belassen. Da steht noch eine Tablettenmaschine, eine alte Waage, die, wenn sie könnte, viele Apotheker-Geschichten zu erzählen hätte. Bei ihrem „Amtsantritt" 1984 seien noch Tabletten hergestellt worden, erinnert sich die Apothekerin, die inmitten der altehrwürdigen Holzwände, -schränke, -regale und Behältnisse den wunderschönen Schlusssatz sagt: „Ja, das ist hier schon ein ursprünglich pharmazeutisches Gefühl."

Hannes Helferich

So geht's zur Stadtapotheke:

Sie steht in der Brückenstraße 2.

Architektin Karin Fuchs zeigt auf die roten Ziegelsteine die oberhalb des Tors zum damaligen Eiskeller verbaut wurden.

50

Altes Gemäuer

Turm oder Keller

Ist er es oder nicht? „Als die Stadt Schweinfurt im Zuge der Sanierung der Stadtmauer am Oberen Wall 2011 auf ein historisches Gemäuer stieß, lag die Vermutung nahe, dass es sich bei dem turmartigen Bauwerk aus gut behauenem Natursteinsockel und einem Mauerwerksaufbau um den Weißen Turm handeln könnte", erzählt Architektin Karin Fuchs. Der Weiße Turm stammt aus dem 15. Jahrhundert. Ihm kam bei der Belagerung von 1554 eine besondere militärische Bedeutung zu, da er höher als die anderen Türme war. „Er taucht in allen Stadtplänen immer wieder auf. Bekannt wurde er auch dadurch, dass er zeitweise als Gefängnis gedient hat", erläutert sie.

Sogar der Archäologe habe die Verwendung reichsstädtischer Ziegel bestätigt und „uns damit ein wenig in die Irre geführt, wir glaubten einige Zeit lang wirklich, wir hätten den Turm entdeckt", erzählt Fuchs weiter. Doch es kam anders: „Neuere Untersuchungen zeigen, dass es keinen nachweisbaren Zusammenhang zwischen dem Turmstumpf und der ehemaligen reichsstädtischen Stadtbefestigung gibt.“ Der echte Weiße Turm stand wohl etwas weiter nördlich an der Stadtmauer. „Vermutlich ist er schon längst vollständig abgetragen“, erklärt Karin Fuchs. Zunächst machte sich Enttäuschung breit, dann aber die große Frage: „Was ist das Bauwerk dann, wenn nicht der gesuchte Turm?“ Es wurde geforscht, ein Kellerkataster erstellt, „und tatsächlich sind wir dann auf den Bauplan dieses Kellers aus dem Jahr 1875 gestoßen“. Demnach handelt es sich um einen Eiskeller, der damals zur angrenzenden Brauerei Krackhardt gehörte und über dem es im Sommer einen Bier-Ausschank gegeben haben soll. „Er war vom Graben aus begehbar und mündete in ein unterirdisches Gangsystem, dessen Kelleranlagen sich bis zur Krummen Gasse ausdehnten.“

In der reichsstädtischen Zeit gab es den so genannten Braubann. „Das heißt, es durfte nur für den eigenen Gebrauch Bier gebraut werden“, erklärt Karin Fuchs. Das änderte sich erst 1802, als Schweinfurt an Bayern kam. „Alsbald wurden mehrere Brauereien gegründet. Einer der Bierbrauer war Nicolas Krackhardt, der sich diesen schönen Eiskeller unterhalb seiner Brauerei in der Krummen Gasse 38 leistete“, so die Architektin. Nicht nur für die Kühlung des Gerstensaftes zur längeren Haltbarkeit sei der Eiskeller von Vorteil gewesen. „Auch die Herstellung vor allem untergäriger Biersorten verlangte eine spezielle Art der Kühlung. Dazu schlugen die Brauer im Winter das Eis aus den zugefrorenen Flüssen und Seen und lagerten es dann im Eiskeller“, erzählt sie. „Wenn man die Krumme Gasse heraufschaut, sieht man diesen tollen Stufengiebel, der gehörte damals zum Brauhaus Krackhardt.“ Das nämlich hatte der Bierbrauer aufgebaut und eingerichtet, „aber erst 1888 eine Lizenz zum Ausschank bekommen“, sagt Fuchs.

Fakt ist: Statt eines hohen Turmes haben die Schweinfurter nun einen ihrer historischen Keller wieder.

Katja Glatzer

So geht’s zum alten Gemäuer:

Der Eiskeller befindet sich am Oberen Wall unterhalb von Krumme Gasse 24 - 32.

Quellen, Literatur, Bildnachweis

Agricola, Johannes: Das Ander teyl gemeiner Deutscher sprichwörter mit yhrer auslegung. Melchior Sachse der Ältere, Erfurt 1529 (Eintrag: „Mit bösem mus man böses vertreyben"). Digitalisat der Universitäts- und Landesbibliothek Sachsen-Anhalt.

Beitl, Richard: Wörterbuch der deutschen Volkskunde. Stuttgart 1955, S. 202.

Beyschlag, Friedrich: „Zur Frage der Renovation unserer Johanniskirche". In: Schweinfurter Tagblatt Nr. 273 vom 20.11.1906.

Blazek, Matthias: „Letzte Hinrichtung durch Rädern im Königreich Preußen am 13. August 1841". In: Fachprosaforschung – Grenzüberschreitungen. Baden-Baden 2011, Band 7, S. 339-343.

Brauerei Roth: Chronik.

Bürgerverein Klingenbrunn: Chronik.

Calvary, Margarita: Selbst verfasster schriftlicher Lebensbericht. Privatarchiv Monika Remelé.

Dekanatsarchiv: Akte „Zur Verschönerung der Brautthüre".

Der Volkswille: „Schweinfurts unersetzliches Rathaus in Flammen". Sonderdruck.

Eberstadt, R.: „Die sogenannten Teufelskrallen an alten Bauwerken". In: Korrespondenzblatt des Gesamtvereins der deutschen Geschichts- und Alterthumsvereine 11 / 12. o.O. 1916.

Eichler, Uwe: „Ein Wunder mitten im Krieg". In: Main-Post vom 19.08.2018. URL: https://www.mainpost.de/regional/schweinfurt/Ein-Wunder-mitten-im-Krieg-Im-Bunker-geboren;art742,10038480. Abgerufen am 01.02.2020.

Fahlbusch, Otto: „Seltsame Runen an niedersächsischen Baudenkmälern". Göttinger Tageblatt vom 07.12.1955.

Faustmann: Familienchronik.

Findeisen, Jörg-Peter: Christina von Schweden. Legende durch Jahrhunderte. Frankfurt am Main 1992.

Gutermann, Hubert: Alt-Schweinfurt in Bildern, Sitten und Sagen. Mainpresse-Richterdruck 1991, Erstauflage 1928.

Gutermann, Hubert: Alt Schweinfurt. 11. Auflage, Schweinfurt 1991, S. 27 f., 57-59, 73.

Haas, Karl-Friederich: Unerklärliche Zeichen im Stein. Nürnberg 2011, S. 95 ff., 166, 276 ff., 341 f.

Helferich, Hannes: „Das kurze Leben der Zophia Malczyk". In: Schweinfurter Tagblatt vom 25.03.2004. URL: http://www.initiative-gegen-das-vergessen.de/index.php/de/9-zwangsarbeit/12-150-zofia-Malczyk. Abgerufen am 13.04.2021.

Helferich, Hannes: Familienarchiv.

Helferich, Hannes: „Diesen Kuss wollte einst keiner". In: Main-Post vom 24.08.2009. URL: https://www.mainpost.de/regional/schweinfurt/diesen-kuss-wollte-einst-keiner-art-5261923. Abgerufen am 02.05.2021.

Helferich, Hannes: „Der Jungfernkuss, den keiner wollte". In: Main-Post vom 02.04.2009. URL: https://www.mainpost.de/regional/schweinfurt/der-jungfernkuss-den-keiner-wollte-art-5057030. Abgerufen am 20.04.2021.

Helferich, Hannes: „Sie war eine Künstlerin und Weltbürgerin". In: Main-Post vom 12.07.2016. URL: https://www.mainpost.de/regional/schweinfurt/sie-war-eine-kuenstlerin-und-weltbuergerin-art-9286453. Abgerufen am 15.04.2021.

Hellmich, Max: Steinerne Zeugen mittelalterlichen Rechtes in Schlesien: Steinkreuze, Bildstöcke, Staupsäulen, Galgen, Gerichtstische. Liegnitz 1923, S. 78.

Heyden-Rynsch, Verena von der: Christina von Schweden. Die rätselhafte Monarchin. München 2002.

Hofmann, Peter: „Alte Stadtansichten". In:

Schweinfurtführer. URL: www.schweinfurtfuehrer.de. Abgerufen am 28.02.2021.

Hofmann, Peter: „Das Roth'sche Haus in der Oberen Straße". Sehenswertes. In: Schweinfurtführer. URL: www.schweinfurtfuehrer.de. Abgerufen am 09.03.2021.

Hofmann, Peter: „Der Dreißigjährige Krieg in Schweinfurt". Geschichte. In: Schweinfurtführer. URL: https://www.schweinfurtfuehrer.de/geschichte/1600-1700/. Abgerufen am 06.04.2020.

Hofmann, Peter: „Die Schweinfurter Pferdebahn". Geschichte. In: Schweinfurtführer. URL: https://www.schweinfurtfuehrer.de/geschichte/die-schweinfurter-pferdebahn/. Abgerufen am 08.10.2019.

Hofmann, Peter: „Geschichte der Kilians-Kirchen". In: Schweinfurtführer. URL: www.schweinfurtfuehrer.de. Abgerufen am 05.03.2021.

Hofmann, Peter: „Persönlichkeiten". In: Schweinfurtführer. URL: www.schweinfurtfuehrer.de. Abgerufen am 13.04.2021.

Hofmann, Peter: „Schweinfurts letzte Straßenbahnschaffnerin". Geschichte. In: Schweinfurtführer. URL: https://www.schweinfurtfuehrer.de/geschichte/die-schweinfurter-pferdebahn/die-letzte-straßenbahnschaffnerin-in-schweinfurt/ Abgerufen am 08.10.2019.

Hofmann, Peter: „600 Jahre Stadt-Apotheke". Geschichte. In: Schweinfurtführer. URL: www.schweinfurtfuehrer.de. Abgerufen am 11.05.2021.

Hofmann, Peter; Stürmer, Julia: Dokumentation Alter Friedhof. Schweinfurt 2016.

Initiative gegen das Vergessen: „Das kurze Leben der Zofia Malczyk". Broschüre. Schweinfurt 2007.

Körblein, Karl-Heinz: „14. Oktober 1943: Über Schweinfurt tobt der Luftkrieg". In: Main-Post vom 09.10.2018. URL: https://www.mainpost.de/regional/schweinfurt/14-Oktober-1943-UEber-Schweinfurt-tobt-der-Luftkrieg;art742,10079004?fbclid=IwAR3fTg2L5bWKsqRDOidyEN1xWAKZWRqa14Y-J2aSiihbExyI6NEyNJ8a0Fw&wt_ref=https%3A%2F%2Fwww.facebook.com%2F&wt_t=1570709031614. Abgerufen am 01.02.2020.

Kotouč, Friederike (Hrsg.): Margarete Geiger, Briefe der Malerin aus Würzburg, Bamberg, München und Wien an ihre Familie in Schweinfurt 1804 -1809. Nürnberg 1987, S. 81.

Krünitz, Johann Georg: Ökonomisch-technologische Encyklopädie. Berlin 1828, S. 598.

Landgraf, Gerd: „Auf der Peterstirn begann die Geschichte der Stadt". In: Main-Post vom 09.07.2008. URL: https://www.mainpost.de/aktiv-region/anschauen/burgen/auf-der-peterstirn-begann-die-geschichte-der-stadt-art-5773592. Abgerufen am 30.05.2021.

Lieblein, Jacob: „Renovation des Roth'schen Hauses". In: Deutsche Bauzeitung vom 25.03.1882.

Lösch, Edgar: „Mei Schweinfurt is mer lieb und wart ...". Schweinfurt und seine Heimatdichter. Schweinfurt 2006, S. 99-101.

Made in Schweinfurt XI: „Der Fahrradpionier Philipp Moriz Fischer – einer, der Schweinfurt bewegt". Stadt Schweinfurt 2012.

Merian, Matthaeus: Topographia Franconiae. Frankfurt 1656.

Müller, Uwe: „Schweinfurt, Reichsstadt" In: Historisches Lexikon Bayerns. URL: http://www.historisches-lexikon-bayerns.de/Lexikon/Schweinfurt,_Reichsstadt. Abgerufen am 11.03.2021.

Peters, Michael: Geschichte Frankens. Vom Ausgang der Antike bis zur Gegenwart. Hamburg 2013, S. 29.

Pfister, Rudolf: „Das Ernst-Sachs-Volksbad". Beilage zu Das Bayernland, illustrierte Halbmonatszeitschrift. München, April 1936, S. 247.

Pilartz, Klaus: „Anna Markert 1570-1616". In: Vogel-Fuchs, Barbara (Hrsg.): Lebensbilder

Schweinfurter Frauen. Historischer Verein, vhs und Gleichstellungsstelle der Stadt Schweinfurt. Schweinfurt 1991, S. 145-153.

Pilz, Kurt: Die St. Sebaldus-Kirche in Nürnberg: Ein Kirchenführer. Nürnberg 1977, S. 10.

Popp, Hermann: Privates Archiv.

Renges, Yasmin: Die Stadtbäder der Goldenen Zwanziger. Kommunale Prestigearchitektur zwischen Tradition und Moderne. Dissertation. Universität zu Köln, 2015.

Rosenstock, Dirk: „Frühgeschichte der Stadt Schweinfurt von 700 bis 1550". In: Schweinfurter Museumsschriften Heft 49/1992, Städt. Sammlungen. Schweinfurt 1992, S. 68-71 (Kirchengeschichte).

Saffert, Erich: Die St.-Johanniskirche in Schweinfurt am Main. Ev.-luth. Pfarramt St. Johannis (Hrsg). Schweinfurt 1971, S. 26 ff.

Saffert, Erich: Schweinfurt Stadtführer. Hrsg. in Zusammenarbeit mit dem Historischen Verein Schweinfurt e.V., Schweinfurt 1963, S. 48.

Scherer, Benedikt Maria: Der Architekt Carl Sattler - Leben und Werk. München 2007.

Schneider Erich: Architektur – Kunst – Technik. Historischer Verein Schweinfurt (Hrsg.), Schweinfurt 2015, S. 262 ff.

Schneider, Erich: Die ehemalige Kilianskapelle auf dem Anger in Schweinfurt. Mainleite des Historischen Vereins Schweinfurt von 1991, S. 34-43.

Schneider, Erich: Schweinfurt und seine Denkmäler. Kirchen und Kulturräume im Mittelalter. S. 17.

Schneider, Erich; Müller, Uwe; Lösch, Edgar: Altstadtsanierung in Schweinfurt – Der Schrotturm. Schweinfurt 1990.

Schneider, Erich; Schneidmüller, Bernd: Vor 1000 Jahren: Die Schweinfurter Fehde und die Landschaft am Obermain. Museen und Galerien der Stadt Schweinfurt, 2004.

Schön, Sebastian: „Peterstirn". URL: https://bayern-online.de/schweinfurt/erleben/sehenswuerdigkeiten/baudenkmaeler/peterstirn/. Abgerufen am 30.05.2021.

Schweinfurt.de: „Alter Friedhof". Leben und Freizeit. URL: https://www.schweinfurt.de/leben-freizeit/sport-freizeit/parks--gaerten/1888.Alter-Friedhof.html. Abgerufen am 14.04.2021.

Stadt Schweinfurt: 50 Jahre Wildpark Schweinfurt 1966 bis 2016.

Stein, Friedrich: Chronik der Stadt Schweinfurt im 19. Jahrhundert. Schweinfurt 1901.

Schottner, Alfred: Die „Ordnungen" der mittelalterlichen Dombauhütten: Verschriftlichung und Fortschreibung der mündlich überlieferten Regeln der Steinmetzen. Münster/Hamburg 1997, S. 60.

Schweinfurtführer, Alte Stadtansichten und Infos, „Fichtelsgarten am Obertor - ehemalige Fichtelsvilla". URL: https://www.schweinfurtfuehrer.de/alte-stadtansichten-und-infos/fichtelsgarten-am-obertor/. Abgerufen am 20.03.2021.

Schweinfurtführer: „Die Peterstirn". Sehenswertes. URL: https://www.schweinfurtfuehrer.de/sehenswertes/die-peterstirn/. Abgerufen am 30.05.2021.

Schweinfurtführer: „Der Jungfernkuss". Schweinfurter Sagen. URL: https://www.schweinfurtfuehrer.de/sagen-geschichten-und-gedichte/schweinfurter-sagen/de-jungfernkuss/. Abgerufen am 20.04.2021.

Schweinfurtführer: „Die Sage um Judith von der Peterstirn". Schweinfurter Sagen. URL: https://www.schweinfurtfuehrer.de/sagen-geschichten-und-gedichte/schweinfurter-sagen/die-sage-um-judith-v-d-peterstirn/. Abgerufen am 20.04.2021.

Schweinfurtführer: „Rückert-Gesellschaft e.V." URL: https://www.schweinfurtfuehrer.de/vereine/kulturvereine/r%C3%Bcckert-gesellschaft-e-v/. Abgerufen am 20.5.2021.

Schweinfurtführer: „Pulvertürme". Sehenswürdigkeiten. URL: https://www.schweinfurt.de/kultur-event/sehenswuerdigkeiten/3000.Pulvertuerme.html.

Abgerufen am 30.04.2021.

Schweinfurtführer: „Weißer Turm am Oberen Wall". Sehenswürdigkeiten. URL: https://www.schweinfurt.de/kultur-event/sehenswuerdigkeiten/782.Weisser-Turm-am-Oberen-Wall.html. Abgerufen am 02.05.2021.

Stadtarchiv Schweinfurt, Förderkreis der Rückert-Forschung Schweinfurt: Urkunde über den Verkauf des Geburtshauses von Friedrich Rückert.

Stadtarchiv Schweinfurt, Förderkreis der Rückert-Forschung Schweinfurt: Jahresgabe 1971.

Stadtarchiv Schweinfurt: Sign. RA 240; D, Rückerts Geburtshaus: Brief Rückerts an Michael Schad.

Steffel, Georg: „Die rätselhaften Rillen". In: Historischer Verein für Oberfranken (Hrsg.): Archiv für Geschichte von Oberfranken. Band 86. Bayreuth 2006, S. 255 ff.

Streicher, Hubert: Die graphischen Gaunerzinken. Wien 1928, S. 23.

Thissen, Heike: Geheimnisse der Redewendungen. Überlingen 2016, S. 88-91.

Ultsch, Paul: Damals in Schweinfurt. Schweinfurt, S. 95 ff.

Wahler, Charlotte: „Auf den Spuren außergewöhnlicher Frauen". In: Mainpost vom 20.03.2018. URL: https://www.mainpost.de/regional/schweinfurt/auf-den-spuren-aussergewoehnlicher-frauen-art-9916308. Abgerufen am 20.06.2021.

Walter, Heinz; Kaschel, W.: „Von Wetzrillen und Reibschälchen". In: Die Fränkische Alb 1, 2001.

Wasmuths Monatshefte für Baukunst: „Kornmarkt 17". Berlin 1921.

Weber, Otto: Verein für Geschichte der Stadt Nürnberg, Jahresbericht über das sechsundvierzigste Vereinsjahr 1923. Nürnberg 1924.

Wiedemann, Susanne: „Ein roter Schuh und viele Legenden". In: Main-Post vom 01.08.2008. URL: https://www.mainpost.de/regional/schweinfurt/ein-roter-schuh-und-viele-legenden-art-4626126. Abgerufen am 20.04.2021.

Wiedorfer, Karla, Gästeführerin: Privates Archiv.

Wiedorfer, Karla: Archivsammlung zur Geschichte der Schweinfurter Fischerzunft.

Winterhalter, Katharina: „Margarita Calvary zum 90.: Keine Heimat, aber ein Zuhause". In: Main-Post vom 29.04.2012. URL: https://www.mainpost.de/regional/schweinfurt/margarita-calvary-zum-90-keine-heimat-aber-ein-zuhause-art-6759298. Abgerufen am 15.04.2021.

Wößner, Wiltrud: Johannisgeschichten. Schweinfurt 2008, S. 83.

Wößner, Wiltrud: „Problem am Bau". In: Johannisgeschichten. Schweinfurt 2008, S. 92-99.

Wößner, Wiltrud: „Zur Verschönerung der Brautthüre …". In: „Schweinfurter Mainleite", Ausgabe 1, 1987, S. 10-16.

Bildnachweis

S. 9 oben Fotostudio Kerstin Sänger

Haftungsausschluss

SIE WOLLEN NOCH MEHR ÜBER

Schweinfurt

WISSEN?

Hier gibt es sachkundige Informationen:

Claudia Helldörfer
Frauen werden sichtbar, Teil I und II
Nicht nur große Industrielle haben in Schweinfurt Geschichte geschrieben, auch bedeutende Frauen haben Spuren hinterlassen.
Auf zwei voneinander unabhängigen Stadtrundgängen erwarten die Gäste spannende und bewegende weibliche Schicksale aus verschiedenen Jahrhunderten.
Telefon: 09725 / 5304
E-Mail: Th.helldoerfer@web.de

Weinfeste an der Peterstirn
Zweimal im Jahr öffnen die Familien Dahms ihr Tor für ihre romantischen Weinfeste. Vier Tage im Mai und fünf Tage im Juli kann man die eigenen Weingutsweine am Turm, im Hof und mitten in den Weinbergen mit fränkischen Fingerfood genießen.
An der Peterstirn 4
97422 Schweinfurt
Telefon: 09721 / 69123
E-Mail: info@weingut-dahms.de
Homepage: www.weingut-dahms.de

Publikationen:

Hofmann, Peter: Schweinfurt im Wandel der Zeit Band 1. Schweinfurt 2. Auflage 2020.

Hofmann, Peter: Schweinfurt im Wandel der Zeit Band 2. Schweinfurt 2. Auflage 2020.

Hofmann, Peter: Schweinfurt im Wandel der Zeit Band 3. Schweinfurt 2020.

WEITERE

Geheimnisse der Heimat

aus der Umgebung:

DIE

Geheimnisse der Heimat

GIBT ES JETZT NEU IN ...

Mainz	Bremen 2
Potsdam	

Seit 2011 haben wir über 70 „Geheimnisse“-Titel produziert.
Alle Städte finden Sie unter www.bast-medien.de